Paul Schütz

Die politische Religion

Hamburger Historische Forschungen | Band 4

Herausgegeben von Rainer Hering

Paul Schütz

Die politische Religion

Eine Untersuchung über den Ursprung des Verfalls in der Geschichte (1935)

Herausgegeben und eingeleitet von
Rainer Hering

Hamburg University Press
Verlag der Staats- und Universitätsbibliothek Hamburg
Carl von Ossietzky

Impressum und Bildnachweis

Bibliografische Information der Deutschen Nationalbibliothek
Die Deutsche Nationalbibliothek verzeichnet diese Publikation in der Deutschen Nationalbibliografie; detaillierte bibliografische Daten sind im Internet über http://dnb.d-nb.de abrufbar.
Die Online-Version dieser Publikation ist auf den Verlagswebseiten frei verfügbar *(open access)*. Die Deutsche Nationalbibliothek hat die Netzpublikation archiviert. Diese ist dauerhaft auf dem Archivserver der Deutschen Nationalbibliothek verfügbar.
Open access über die folgenden Webseiten:
Hamburg University Press – http://hup.sub.uni-hamburg.de
PURL: http://hup.sub.uni-hamburg.de/purl/HamburgUP_HHF04_Schuetz
Archivserver der Deutschen Nationalbibliothek – http://deposit.d-nb.de

ISBN 978-3-937816-69-2
ISSN 1865-3294

Covergestaltung: Liliane Oser

Produktion: Elbe-Werkstätten GmbH, Hamburg, Deutschland
http://www.ew-gmbh.de

Abbildung auf dem Schutzumschlag und der Buchdecke sowie auf S. 49:
Staatsarchiv Hamburg, 622-1 Familienarchiv Schütz, Nachlass Paul Schütz

Inhalt

Vorwort

Rainer Hering

Zur Reihe *Hamburger Historische Forschungen*

Die Reihe *Hamburger Historische Forschungen* umfasst Beiträge zur Hamburger und deutschen Geschichte, vornehmlich der neueren und neuesten Zeit. Sie ist insbesondere für hervorragende Nachwuchswissenschaftlerinnen und -wissenschaftler offen, deren Werke sonst vielfach unveröffentlicht blieben. Gemeinsamer Bezugspunkt aller Publikationen ist Hamburg, das heißt, die Arbeiten sind an einer Hamburger Hochschule entstanden oder beschäftigen sich inhaltlich mit der Freien und Hansestadt Hamburg in Vergangenheit oder Gegenwart. Die Reihe schafft ein Forum gerade für bislang unerforschte Themen. Zugleich sind die *Hamburger Historischen Forschungen* nicht einem einzigen Konzept verpflichtet, sondern bieten Raum für die Vielfalt der theoretischen und methodischen Konzepte, Geschichte wissenschaftlich fundiert, aber doch zugleich auch für alle historisch Interessierten verständlich darzustellen.

Zum vorliegenden Band

Der vierte Band dieser Reihe stellt eine Besonderheit dar, weil er in erster Linie eine Edition eines unveröffentlichten Textes umfasst. Autor ist der Theologe Prof. Dr. Dr. Paul Schütz (1891–1985), der von 1940 bis 1952 Hauptpastor an der Hamburger Hauptkirche St. Nikolai war und zugleich als hauptamtlicher Dozent und später als Professor der Theologie an der Kirchlichen Hochschule Hamburg lehrte. Er gehörte zu den Ersten, die – geprägt von den Erfahrungen des „Dritten Reiches" – das Konzept der politischen Religion entwickelten. Sein 1935 verfasster Beitrag „Die politische Religion. Eine Untersuchung über den Ursprung des Verfalls in der Geschichte" konnte damals nicht publiziert werden, zumal Schütz und seine Frau, die Künstlerin Johanna Schütz-Wolff (1886–1965), politisch auffällig geworden waren. Einige Werke der früheren Leiterin der Textilwerkstatt der Kunstgewerbeschule Halle-Giebichenstein waren als „entartet“ eingestuft worden, und die zweite Auflage von Paul Schütz’ Buch *Der Anti-Christus* wurde 1935 auf Anordnung der Geheimen Staatspolizei eingestampft. Vierzig Jahre später hatte sich Schütz, wie man handschriftlichen Vermerken entnehmen kann, erneut mit dem Manuskript beschäftigt und seine inhaltliche Übereinstimmung mit dem Text bekräftigt. Zu einer Publikation kam es jedoch wieder nicht. Das mag auch an manchen problematischen Passagen, vor allem in Bezug auf das Judentum, gelegen haben. Gerade dieser Beitrag macht deutlich, wie wichtig es ist, Beiträge aus dem „Dritten Reich“ differenziert zu analysieren.

Eine Edition dieses Beitrages ist zum einen wichtig für die Theologie- und Kirchengeschichte und zur tieferen Auseinandersetzung mit einem Theologen, der bis in die Sechzigerjahre mit seinen Veröffentlichungen weite Teile eines christlich interessierten Bürgertums erreicht hat. Zum anderen gibt es seit einigen Jahren in der historischen Forschung eine intensive Diskussion über die Ende der Dreißigerjahre entwickelte Interpretation des „Dritten Reiches“ als „politische Religion“. Dass Paul Schütz schon 1935 eine solche Konzeption entwickelt hatte, war bis vor Kurzem nicht bekannt. Daher kann die vorliegende Edition neue Impulse für die Debatte über die Geschichte und Tragfähigkeit dieses Ansatzes geben und sie inhaltlich bereichern.

Für die Übertragung der Veröffentlichungsrechte am Manuskript danke ich der Paul-Schütz-Gesellschaft, insbesondere dem Vorstandsvorsitzenden Horst-Klaus Hofmann, sehr herzlich. Für die Texterfassung danke ich Hannegret Hempel, für die tatkräftige Unterstützung bei der Edition Lemar Nassery. Wichtige inhaltliche Anregungen verdanke ich Prof. Dr. Werner Ustorf, Birmingham. Die Erarbeitung der Edition wurde dankenswerterweise durch die *„Zeit“-Stiftung Ebelin und Gerd Bucerius* gefördert. Ein herzlicher Dank gilt dem Verlag Hamburg University Press, insbesondere der Leiterin Isabella Meinecke, für die bewährte ausgezeichnete Zusammenarbeit; das Korrektorat im Verlag übernahm Miriam Volmert. Die Drucklegung wurde durch die freundliche Unterstützung der *Deutschen Gesellschaft für Missionswissenschaft*, der *Evangelischen Kirche von Kurhessen-Waldeck* und der *Nordelbischen Evangelisch-Lutherischen Kirche* ermöglicht. Hierfür sei herzlich gedankt.

Paul Schütz und seine Konzeption „Die politische Religion“ aus dem Jahr 1935

Rainer Hering

1 Einleitung

In den letzten Jahren hat in der historischen Forschung ein in den Dreißigerjahren des 20. Jahrhunderts entwickeltes Konzept wieder an Bedeutung gewonnen, das vor allem zur Interpretation des „Dritten Reiches“ herangezogen wird. Dieses Modell, das Diktaturen, insbesondere den Nationalsozialismus, als „politische Religion“ versteht, wird im Allgemeinen Eric Voegelin (1901–1985) und Raymond Aron (1905–1983) zugeschrieben, die ihre Ansätze 1938 bzw. 1939 publizierten. Der Theologe Paul Schütz (1891–1985) hat bereits drei Jahre zuvor ein Manuskript „Die politische Religion. Eine Untersuchung über den Ursprung des Verfalls in der Geschichte“ abgeschlossen, aber nicht publiziert.[1] Schütz ist als Theologe heute nur wenig bekannt, obwohl seine zahlreichen Schriften vielfach hohe Auflagen erzielten.[2] Der

[1] Paul Schütz: Die politische Religion. Eine Untersuchung über den Ursprung des Verfalls in der Geschichte. Ms. Schwabendorf 1935 (Staatsarchiv Hamburg [StA HH], 622-1 Familie Paul Schütz, 248). Vgl. dazu bislang: Werner Ustorf: „Political Religions“ – A Theological Perspective. In: Neuere religiöse Bewegungen in internationaler Perspektive. Festschrift für Erhard Kamphausen. Hrsg. von Andreas Heuser und Wolfram Weiße. Aachen 2005, 5–14; ders.: Politische Religion. In: Enlightenment and Secularization – Western and Chinese Roads to Modernization. Ed. by Zhao Lin and Edmond Tang. Wuhan 2008, 225–261; ders.: The Missiological Roots of the Concept of 'Political Religion'. In: The Sacred in Twentieth-Century Politics. Essays in Honour of Professor Stanley G. Payne. Ed. by Robert Mallett, John Tortorice and Roger Griffin. Basingstoke-New York 2008, 36–50; Rainer Hering: „Christus weissagt das Judentum als den Hauptfeind seiner künftigen Gemeinde“. Das Judentum bei Paul Schütz. In: Jahrbuch der Hessischen Kirchengeschichtlichen Vereinigung 52 (2001), 143–165; ders.: Paul Schütz: Die Politische Religion. Eine Konzeption aus dem Jahr 1935. In: theologie.geschichte 1 (2006), 223–274.

[2] Rainer Hering: Von Hessen nach Hamburg: Der Theologe Paul Schütz im „Dritten Reich“. In: Mitteilungen des Oberhessischen Geschichtsvereins N. F. 84 (1999), 1–39; Rudolf Kremers: Paul Schütz – auf der Suche nach der Wirklichkeit. Ein Lebens- und Erkenntnisweg. Moers 1989. Ein Verzeichnis seiner Werke und seiner Rezeption bei: Rainer Hering: Schütz, Paul Wilhelm Lukas. In: Biographisch-Bibliographisches Kirchenlexikon. Begründet und hrsg. von

Baseler Theologe Heinrich Ott (* 1929) zählt Schütz zu den „Vätern" der protestantischen Theologie nach dem Ersten Weltkrieg, wie Karl Barth (1886–1968), Emil Brunner (1889–1966), Rudolf Bultmann (1884–1976) und Paul Tillich (1886–1965).[3]

Es ist bemerkenswert, dass es in den Dreißigerjahren in unterschiedlichen Fachgebieten eine Auseinandersetzung mit „politischer Religion" gegeben hat. Der von Schütz formulierte, bislang unbekannte Ansatz in der Theologie wird hier erstmals umfassend dargelegt. Im Folgenden wird zunächst die Konzeption der politischen Religion vorgestellt und in den Kontext der Diktaturforschung eingeordnet. Anschließend wird der biografische und theologische Kontext ausgeführt, in dem Paul Schütz in den Dreißigerjahren wirkte, und schließlich wird sein Konzept der politischen Religion analysiert. Abschließend werden dazu einige kritische Anmerkungen formuliert.

2 Das Konzept der politischen Religion

In der Diktaturforschung konkurrieren verschiedene Untersuchungsansätze, die beanspruchen, zu einer sachgerechten und umfassenden Analyse von modernen diktatorischen Regimen zu gelangen.[4] Weit verbreitet sind

---

Friedrich Wilhelm Bautz. Fortgeführt von Traugott Bautz. Bd. 9. Herzberg 1995, 1080–1098; ein erweiterter Sonderdruck unter dem Titel: Der Theologe Paul Schütz. Biographie und Bibliographie ist von der Paul-Schütz-Gesellschaft Heidelberg 1996 in zwei Auflagen vorgelegt worden.

[3] Heinrich Ott: Konfessionelles oder universelles Christentum? Zur gegenwärtigen Aktualität von Paul Schütz' Kritik am Luthertum. In: Theologische Zeitschrift 54 (1998), 151–161, 152. Bei Ott wurde 1990 eine sehr umfangreiche Hausarbeit über Schütz angefertigt: Christian C. Adrian: Eine Theologie des heiligen Geistes. Versuch einer systematischen Darstellung des theologischen Denkens von Paul Schütz. Ms. Basel 1990, überarbeitet Visp/Schweiz 1997.

[4] Hierzu und zum Folgenden mit weiterführenden Literaturhinweisen: Michael Ley/Julius H. Schoeps (Hrsg.): Der Nationalsozialismus als politische Religion. Bodenheim bei Mainz 1997; Hans Günter Hockerts: War der Nationalsozialismus eine politische Religion? Über Chancen und Grenzen eines Erklärungsmodells. In: Zwischen Politik und Religion. Studien zur Entstehung, Existenz und Wirkung des Totalitarismus. Hrsg. von Klaus Hildebrand (Schriften des Historischen Kollegs, Kolloquien 59). München 2003, 45–71; Totalitarismus und Politische Religionen. Konzepte des Diktaturvergleichs. Bd. 3: Deutungsgeschichte und Theorie. Hrsg. von Hans Maier, in Zusammenarbeit mit Katrin Mey, Michael Schäfer und Hans Otto Seitschek (Politik- und Kommunikationswissenschaftliche Veröffentlichungen der Görres-Gesellschaft 21). Paderborn-München-Wien-Zürich 2003; Richard Steigmann-Gall: Was National Socialism a Political Religion or a Religious Politics? In: Religion und Nation. Nation und Religion. Bei-

die Totalitarismus- oder die Faschismus-Theorie für eine bestimmte Gruppe von totalitären Herrschaftsformen.[5] Seit einiger Zeit wird das in den Dreißigerjahren entstandene und dann in Vergessenheit geratene Interpretationsmodell der politischen Religion zwar wieder herangezogen. Es nimmt aber nach wie vor eine Randposition ein. Eine Geschichte des „Dritten Reiches", die neben dem Totalitarismus-Konzept auf dem der politischen Religion beruht, hat Michael Burleigh (* 1955) vorgelegt.[6]

Das Paradigma der politischen Religion untersucht mit einer ideengeschichtlichen Herangehensweise die psychischen Dispositionen und Mechanismen bestimmter totalitärer Herrschaftsformen und erklärt vor allem die mit ihnen verbundenen Symbole, ihr Charisma, ihre Mythen und ihre liturgischen Formen. Totalitäre Regime zielen auf umfassende Deutung der Wirklichkeit, auf Sinnstiftung und ein konkretes diesseitiges Heilsangebot, das in dem jeweiligen Staat verwirklicht werden soll. Damit nehmen sie religiöse Züge an und tendieren dazu, die etablierten Religionsgesellschaften zu marginalisieren bzw. ganz zu verdrängen. Die für moderne Gesellschaften typische funktionale Differenzierung von Politik und Religion wird somit aufgehoben. Eine neue Dimension von Erlösung und ihrer politischen Realisierung wird eingeführt, die Emilio Gentile (* 1946) als „Sakralisierung" des politischen Zentrums bezeichnet hat. Politische Religionen bieten mit einer als revolutionär begriffenen Politik innerweltliche Erlösungsdoktrinen an, die sie missionarisch verbreiten wollen. Sie erwarten eine vollständige Identifikation mit ihren jeweiligen inhaltlichen Vorstellungen und verfolgen Andersdenkende. Politik steht dabei immer an erster Stelle, das entsprechende politische System mit seinen Akteuren und Institutionen wird zum sakralen Handlungsbereich.[7]

---

träge zu einer unbewältigten Geschichte. Hrsg. von Michael Geyer und Hartmut Lehmann (Bausteine zu einer europäischen Religionsgeschichte im Zeitalter der Säkularisierung 3). Göttingen 2004, 386–408; Friedrich Kießling: Nationalsozialismus als politische Religion. Zu einer neuen und alten Deutung des Dritten Reichs. In: Archiv für Sozialgeschichte 45 (2005), 529–547; Hans Maier: Politische Religionen. Mit einem Nachwort von Michael Burleigh (Hans Maier Gesammelte Schriften 2). München 2007.

5 Zum Überblick mit weiterführenden Hinweisen vgl. Detlef Schmiechen-Ackermann: Diktaturen im Vergleich (Kontroversen um die Geschichte). Darmstadt 2002.

6 Michael Burleigh: Die Zeit des Nationalsozialismus. Eine Gesamtdarstellung. Frankfurt/ Main 2000, engl. Original: The Third Reich. A New History. London 2000; vgl. ders.: Irdische Mächte, göttliches Heil. Die Geschichte des Kampfes zwischen Politik und Religion von der Französischen Revolution bis in die Gegenwart. München 2008.

Entstanden ist das Konzept der „politischen Religion" während des „Dritten Reiches". 1938 publizierte der Philosoph und Politikwissenschaftler Eric Voegelin die zum Klassiker avancierte Schrift *Die politischen Religionen*.[8] Der hier dargestellte Zusammenhang zwischen Religion und Politik blieb für das Denken Voegelins auch später konstitutiv. Voegelin, der bis zur Entlassung 1938 in Wien lehrte und dann in die USA emigrieren musste, entwarf in seinem fünfbändigen Hauptwerk *Order and History* (1956–1987) eine Geschichtsphilosophie, die sich auf die Zeitspanne zwischen den kosmologischen Reichen des Vorderen Orients und der Neuzeit bezieht. Die Neuzeit verstand er als Zeitalter der wiederauflebenden Gnosis. Mit diesem Ansatz versuchte er, die totalitären Regime des 20. Jahrhunderts zu erklären – sie seien durch eine gemischt religiös-politische Natur charakterisiert. Voegelin deutete den Nationalsozialismus als politische Religion nicht nur, weil dieser religiöses Vokabular und kultisch-liturgische Formen verwandte, sondern vor allem, weil der Nationalsozialismus selbst an religiöse Erfahrungen anknüpfte. Teilinhalte der Welt erschienen als „heilig" und wurden zum Glaubensgegenstand. So wurde die Rasse, die im „Dritten Reich" das entscheidende und sinnstiftende Ordnungszentrum der „Volksgemeinschaft" war, dadurch überhöht. Voegelin sprach von einer „partikulären Ekklesia" im Gegensatz zur christlichen „universalen Ekklesia".[9]

Ein Jahr später setzte sich der französische Philosoph und Soziologe Raymond Aron mit dem Thema „säkulare Religionen" („religions séculières") in

---

[7] Klaus-Georg Riegel: Der Marxismus-Leninismus als „politische Religion". In: Politische Religion und Religionspolitik. Zwischen Totalitarismus und Bürgerfreiheit. Hrsg. von Gerhard Besier und Hermann Lübbe (Schriften des Hannah-Arendt-Instituts für Totalitarismusforschung 28). Göttingen 2005, 15–48, bes. 15–17.

[8] Eric Voegelin: Die politischen Religionen. Wien 1938, 2. Aufl. Stockholm-Berlin 1939; ders.: Die politischen Religionen. Hrsg. und mit einem Nachwort versehen von Peter J. Opitz. München 1993, 2. Aufl. 1996.

[9] Hans-Christof Kraus: Eric Voegelin redivivus? Politische Wissenschaft als Politische Theologie. In: Ley/Schoeps (Anm. 4), 74–88; Politische Religion? Politik, Religion und Anthropologie im Werk von Eric Voegelin. Hrsg. von Michael Ley, Heinrich Neisser und Gilbert Weiss (Periagoge Studien). München 2003; Hans Otto Seitschek: Die Deutung des Totalitarismus als Religion. In: Maier/Mey/Schäfer/Seitschek (Anm. 4), 129–177, bes. 129–149; Klaus Vondung: Die Tücken des millenarischen Sendungsbewusstseins. Religiöses und Politisches gehen auch in säkularen Gesellschaften Verbindungen ein – notwendige oder gefährliche? In: Frankfurter Rundschau, Nr. 166, 20.7.2004, 16; Monika Neugebauer-Wölk: Esoterik und Neuzeit. Überlegungen zur historischen Tiefenstruktur religiösen Denkens im Nationalsozialismus. In: Zeitenblicke 5 (2006), Nr. 1, 1–60, URL: http://www.zeitenblicke.de/2006/1/Neugebauerwoelk/index.html (13.4.2006).

einem Aufsatz auseinander.[10] Anstelle des verlorenen christlichen Glaubens versuchten säkulare Religionen, das Heil der Menschheit im Diesseits in Gestalt einer neuen sozialen Ordnung zu verwirklichen. Aron verstand auf dieser Grundlage die totalitären Herrschaftsformen des 20. Jahrhunderts als antimodern, weil sie die moderne Trennung von Religion und Politik aufheben wollten. Dadurch ergebe sich zugleich eine Intensivierung und Überhöhung ihrer Ideologie.[11]

Die Ansätze Voegelins und Arons sowie die Frage nach dem Stellenwert des Religiösen in der nationalsozialistischen Herrschaft sind in der Erforschung des „Dritten Reiches“ in unterschiedlicher Weise und Schwerpunktsetzung aufgegriffen worden. Erstens beschäftigte man sich vorrangig mit den politischen Formen, mit den Ritualen und Kulten des Nationalsozialismus. Zweitens wurde mit dem Konzept der politischen Religion das Selbstverständnis des Nationalsozialismus untersucht. Und drittens wurde das Konzept der politischen Religion als Antwort auf die Frage herangezogen, warum der Nationalsozialismus in der deutschen Gesellschaft so erfolgreich war.

Enthielt die nationalsozialistische Ideologie und Praxis pseudoreligiöse Elemente oder wurde sie durch ein substanziell religiöses Moment bestimmt? Die nationalsozialistische Mobilisierung von Menschen und die damit zusammenhängende Verbreitung ihres Ideologiekonglomerats lebte von ästhetischen Inszenierungen. Dabei spielten sakrale Muster eine besondere Rolle, zum Beispiel in der architektonischen Gestaltung, in rituellen Handlungen oder Inszenierungen, die an christliche Gottesdienste erinnerten. So wurde 1935 die Erinnerung an den gescheiterten Putsch vom 9. November 1923 zu einer Art Auferstehungsfeier. Die Festprozession endete nicht mit der Totenehrung an der Feldherrenhalle, sondern lief durch die mit Hakenkreuzflaggen geschmückten Straßen bis zum Königsplatz weiter, wo die Ehrentempel aufgebaut waren. Die nationalsozialistischen Toten wurden als Opfer, als Märtyrer inszeniert. Der *Völkische Beobachter* betonte, die Feier sei nicht beim Tod stehen geblieben, sondern habe sich zum „Sie-

[10] Raymond Aron: L'avenir des religions séculières. In: La France libre 1944, 210–217 und 269–277, erneut in: Commentaire 8 (1985), 369–383; ders.: Das Zeitalter der Tyrannen. In: Ders.: Über Deutschland und den Nationalsozialismus. Frühe politische Schriften 1930–1939. Hrsg. von Joachim Stark. Opladen 1993, 186–208 [zuerst in: Revue de métaphysique et de morale 46 (1939)]. Vgl. Matthias Oppermann: Raymond Aron und Deutschland. Die Verteidigung der Freiheit und das Problem des Totalitarismus. Ostfildern 2008.

[11] Seitschek (Anm. 9), 150–162.

geszug der Bewegung" gewandelt. Nach jedem ausgesprochenen Namen der Toten riefen die angetretenen Einheiten der Hitler-Jugend „Hier!", sodass ein Auferstehungsritual zelebriert wurde. Die Analogien zum Religiösen waren offensichtlich. An heiligen Orten wurden mit sakralen Sprachformen Ereignisse kultisch durch heilige Handlungen vergegenwärtigt. Dadurch wurde die Geschichte der NSDAP zur Heilsgeschichte, vollendet im „Dritten Reich". Die Führerherrschaft sollte sakralisiert werden, politische Herrschaft und die Kompetenz für Sinndeutung des Lebens sollten miteinander verbunden und durch entsprechende Rituale bekräftigt werden. Offen bleibt bei dieser Interpretation allerdings, ob hier gezielt an kirchliche Formen angeknüpft wurde oder ob unbewusst christliches Brauchtum, mit dem die meisten Nationalsozialisten aufgewachsen waren, benutzt wurde. Sicher ist, dass die nationalsozialistischen Heilsverheißungen das Christentum verdrängen und letztlich ganz ersetzen sollten.[12]

Zweitens wurde mit der Konzeption der politischen Religion nach dem Selbstverständnis nationalsozialistischer Organisationen gefragt. Einer weltlichen Einheit wird von der politischen Bewegung ein Primat zuerkannt, der „heilig" gesprochen und in das Zentrum eines Systems von Überzeugungen gestellt wird. Das einzelne Individuum wird durch eine Treuepflicht eingebunden, während eine auserwählte Gemeinschaft von Kämpfern diese politische Aktion als eine messianische interpretiert, die der Vollendung einer Mission dient, und schließlich mit einer politischen Liturgie diese sakralisierte Einheit immer wieder rituell beglaubigt.

Drittens wurde versucht, das Verhältnis der Deutschen zu Hitler zu erklären, indem man den oft gebrauchten Ausdruck des „Glaubens" zur Beschreibung dieser Relation ernst nimmt. Ohne diesen quasireligiösen Eifer seien der Fanatismus und die Opferbereitschaft vieler Menschen im „Dritten Reich" nicht zu verstehen. Religiösen Aspekten wird hier essenzielle herrschaftstechnische Bedeutung zugeschrieben. Der Nationalsozialismus bot in einer Zeit der geistigen Verunsicherung durch den Verlust traditioneller Werte und Normen sowie der schwächer werdenden religiösen und insbesondere kirchlichen Bindungen mit besonderem Pathos vertretene Werte. Die Faszi-

[12] Hans Günter Hockerts: Mythos, Kult und Feste. München im nationalsozialistischen „Feierjahr". In: München – „Hauptstadt der Bewegung". München 1993, 331–341; Jay W. Baird: To die for Germany. Heroes in the Nazi Pantheon. Bloomington-Indianapolis 1990, bes. 41–72; vgl. auch: Benedikt Weyerer: München 1918–1939. Stadtrundgänge zur politischen Geschichte. München 1993; Zitate und weitere Nachweise bei Kießling (Anm. 4), 535.

nationskraft der damit zusammengehörigen Inszenierungen, wie Führerkult, Massenaufmärsche, Totenehrungen, wirkte ansteckend. In manchen Konzeptionen wird so die Shoa religiös interpretiert – die Ermordung („Opferung“) von Fremden, von „Nicht-Ariern“, diene dem Heil der „Arier“.

Wie werden nun diese Ansätze von der aktuellen Forschung betrachtet? Zunächst einmal ist festzuhalten, dass weder Eric Voegelin noch Raymond Aron in den Dreißigerjahren den Anspruch erhoben, das „Dritte Reich“ umfassend zu erklären. Das Modell der politischen Religion hatte vielmehr die Funktion, die modernen Formen diktatorischer Herrschaft angemessen zu erfassen. In der Geschichtswissenschaft hat sich die Position durchgesetzt, dass das Interpretament der politischen Religion keine Gesamterklärung des „Dritten Reiches“ leisten könne. Die Argumente sind vielfältig: Hitler habe kein Interesse an einer politischen Religion gehabt, für die auch die ideologische Substanz nicht vorhanden gewesen sei; er habe vielmehr immer die „Wissenschaftlichkeit“ des nationalsozialistischen Ideologiekonglomerats betont. Politische Religion sei ein Handlungsmotiv Einzelner, aber kein Motiv der Mehrheit gewesen, die an der Judenvernichtung beteiligt war. Dieser Interpretationsansatz hat deutlich herausgearbeitet, wie bewusst die Nationalsozialisten das Religiöse für ihre politischen Zwecke instrumentalisiert haben. Obwohl diese Ausnutzung zentraler Elemente der christlichen Mehrheitskultur die Anziehungskraft des Nationalsozialismus deutlich erhöht habe, habe sie ihn aber nicht zu einer politischen Religion eigener Art werden lassen. Die Politik absorbiere das Religiöse, nicht umgekehrt.[13]

Zusammenfassend lässt sich festhalten: Die politische Religion wird durchweg als Aspektbegriff, als Erklärung für einzelne Phänomene, wie die ideologischen Voraussetzungen oder die Dynamik in stark ideologisierten Gruppen, nicht aber als Gesamtbegriff, von dem aus die nationalsozialistische Herrschaft insgesamt zu erfassen wäre, verstanden.

Aufgrund des damals noch gegebenen christlichen Kontextes war das Modell der politischen Religion für die Zeitgenossen in den Dreißiger- und Vierzigerjahren hilfreich, weil es etliche plausible Anknüpfungspunkte zum Verständnis des „Dritten Reiches“ bot. Heute liefert es anregende Erklä-

---

[13] Monika Neugebauer-Wölk versteht den Nationalsozialismus nicht als Religion eigener Art, da er kein eigenes Glaubenssystem oder Erlösungsdenken entwickelt habe. Er sei vielmehr eine Variante des Formenkreises esoterischer Religiosität der Neuzeit. Vgl. Neugebauer-Wölk (Anm. 9), bes. 58.

rungen für spezifische Bereiche, jedoch keinen umfassenden Deutungsrahmen der nationalsozialistischen Herrschaft. Hier sind Konzepte, wie das der charismatischen Herrschaft oder das der modernen Diktatur, tragfähiger.[14]

3 Paul Schütz als Pionier der Konzeption der politischen Religion

Paul Schütz, der Sohn eines Methodistenpredigers, studierte ab 1910 evangelische Theologie und Philosophie in Berlin und Jena, arbeitete 1912 als Hauslehrer in Soldin und wurde 1914 zum Dr. phil. promoviert.[15] Als Kriegsfreiwilliger nahm er im Ersten Weltkrieg unter anderem an den Kämpfen bei Langemark, Ypern, Chemin des Dames und Verdun teil. Die dort gewonnen existentiellen Erfahrungen prägten ihn nachhaltig. Im Zweiten Weltkrieg verzichtete er auf eine Unabkömmlichkeitsstellung und war von 1941 bis 1945 als Offizier beim Luftwaffenstab in Deutschland und Russland.

Schütz strebte die Habilitation in Philosophie oder Geschichtswissenschaft an, zog es aber aus finanziellen Gründen vor, zunächst das Theologiestudium mit dem ersten Examen im Oktober 1918 in Koblenz abzuschließen. Bereits zum Jahresanfang war er von der Methodistischen zur Evangelischen Kirche der Altpreußischen Union übergetreten. Die Fortsetzung seines Studiums in Freiburg bei Edmund Husserl (1859–1938) musste er nach einem Semester abbrechen, weil das Geld nicht mehr reichte. Er stellte daher die angestrebte Habilitation zurück, obwohl ihn Ernst Troeltsch (1865–1923) bereits als Habilitanden angenommen hatte. Kontakte mit religiösen Sozialisten in der Schweiz brachten ihn wieder der Theologie näher, und 1922 wurde er in Halle an der Saale bei Ferdinand Kattenbusch (1851–1935) zum Lizentiaten der Theologie promoviert über das Thema *Hooker, der grundlegende Theologe des Anglikanismus*.[16] Zum Jahresende legte er in Magdeburg sein zweites Examen ab und wurde dort bzw. in Neutz bei Halle Hilfsprediger. In dieser Zeit lernte er seine spätere Frau, die Künstlerin

[14] Schmiechen-Ackermann 22–62.

[15] Hierzu und zum Folgenden Hering: Hessen; Kremers: Schütz.

[16] Paul Schütz: Richard Hooker. Der grundlegende Theologe des Anglikanismus. Eine Monographie zur Reformationsgeschichte und zu den Anfängen der Aufklärung. Dissertation (Halle) 1922, als Mikrofilm Göttingen 1952.

Johanna Wolff (1886–1965), kennen, die die Weberei an der Kunstgewerbeschule in Halle-Giebichenstein leitete. In ihren Wandteppichen wollte sie die göttliche Tiefendimension der Welt darstellen – für Schütz war sie die wichtigste Dialogpartnerin und hatte entscheidenden Anteil an der Entwicklung seiner Theologie.[17]

Am 1. Oktober 1925 kam Paul Schütz als Pfarrer in die kleine, aus dem 17. Jahrhundert stammende Hugenotten-Gemeinde Schwabendorf bei Marburg an der Lahn, die etwa 350 Einwohner umfasste. Von 1926 bis 1928 leitete er nach dem Tode des Gründers Johannes Lepsius (1858–1926) gleichzeitig die „Dr. Lepsius-Orient-Mission". 1928 unternahm er für die „Orient-Mission" eine längere Reise nach Ägypten, Palästina, Syrien, Irak und in den Iran bis an die russische Grenze. Darüber publizierte er seinen „Reisebericht zur religionspolitischen Lage im Orient" unter dem Titel *Zwischen Nil und Kaukasus*.[18] Die hier vorgetragene massive Kritik machte ihn mit einem Schlag bekannt und bestimmte die Diskussion in Missionskreisen: Die christliche Mission in der heutigen Welt schade den von ihr Betroffenen mehr, als dass sie ihnen nütze. Daher solle sie ganz aufgegeben und stattdessen der kritische Zustand der Christenheit in der Heimat untersucht werden.[19] Es kam zu einem Eklat in der „Dr. Lepsius-Orient-Mission". Da es Paul Schütz nicht gelang, das Missionswerk umzugestalten, trat er 1928 als geschäftsführender Direktor zurück. Zugleich löste die Begegnung mit dem Islam seine Auseinandersetzung mit dem Thema politische Religion aus.

Die Reiseerfahrungen prägten die weitere wissenschaftliche Arbeit von Paul Schütz: Von 1929 bis 1934 gab er die Zeitschrift *Orient und Occident* mit

[17] Rainer Hering: Schütz-Wolff, Johanna. In: Biographisch-Bibliographisches Kirchenlexikon. Begründet und hrsg. von Friedrich Wilhelm Bautz. Fortgeführt von Traugott Bautz. Band XXI Nordhausen 2003, 1376–1397.

[18] Paul Schütz: Zwischen Nil und Kaukasus. Ein Reisebericht zur religionspolitischen Lage im Orient. München 1930, 2. Aufl. 1930, 3. Aufl. Kassel 1953, 4. Aufl. mit einem Vorwort von Hans Bürki Moers 1991; vgl. dazu: Hans-Werner Gensichen: Zur Orient- und Missionserfahrung von Paul Schütz. In: Zeitschrift für Missionswissenschaft und Religionswissenschaft 77 (1993), 152–159; Hans-Joachim Klimkeit: Zum Paul Schütz-Kolloquium (Heidelberg, 13.–14.12.1991). In: Zeitschrift für Religions- und Geistesgeschichte 46 (1994), 256–257; ders.: Zwischen Nil und Kaukasus. Bemerkungen zum Werk von Paul Schütz. In: Ebd., 270–275; Heinrich Balz: Berliner Missionstheologie und Karl Barth: Aneignung und Widerspruch. In: 450 Jahre Evangelische Theologie in Berlin. Hrsg. von Gerhard Besier und Christof Gestrich. Göttingen 1989, 419–437, bes. 421f.

[19] Auch Karl Barth nahm die Thesen von Schütz ernsthaft als Anfrage und Warnung auf, vgl. Karl Barth: Die Theologie und die Mission in der Gegenwart. Vortrag, gehalten an der Brandenburgischen Missionskonferenz in Berlin am 11. April 1932. In: Ders.: Theologische Fragen und Antworten. Gesammelte Vorträge 3. Band. Zollikon 1957, 100–126, 115 f.

heraus. Im Oktober 1929 griff Schütz die schon seit mehr als zehn Jahren geplante Idee der Habilitation wieder auf. Ein Jahr später nahm die Theologische Fakultät der Universität Gießen seine Arbeit „Missionsgedanke und Eschatologie im 19. Jahrhundert. Untersucht an den Predigten Schleiermachers, J. T. Beck's und Christoph Blumhardts" an.[20] 1937 wurde seine Lehrbefugnis von Praktischer Theologie auf Systematik geändert, doch noch im gleichen Jahr legte er seine Venia legendi aufgrund der für ihn nicht mehr tragbaren Doppelbelastung als Pfarrer und Hochschullehrer nieder.

Der Buchtitel der Habiliationsschrift *Säkulare Religion* verweist auf die vertiefte Beschäftigung mit dem Thema der politischen Religion, die er 1935 in dem hier edierten Manuskript weiter ausformulierte. Er verstand unter säkularer bzw. politischer Religion die religiöse Überschreitung der eschatologischen Grenze.

Welche Position nahm er zum „Dritten Reich" ein? Paul Schütz' Verhältnis zum nationalsozialistischen Staat war nicht ohne gravierende Konflikte. Er war kein Mitglied der NSDAP; der Nationalsozialistischen Volkswohlfahrt (NSV) gehörte er ab 1934, dem Reichsluftschutzbund von 1936 bis 1941 an, ohne jedoch einen Aufnahmeantrag gestellt zu haben, wie er später angab.[21] 1935 deutete die Geheime Staatspolizei sein Buch *Der Anti-Christus* als Kritik am nationalsozialistischen Staat und ließ zwei Jahre nach dem erstmaligen Erscheinen die zweite Auflage einstampfen. Der Inhalt versuche bewusst die nationalsozialistische Weltanschauung und den neuen Staat herabzusetzen und sei daher geeignet, „die öffentliche Sicherheit und Ordnung zu gefährden".[22] Ursache dieser Maßnahme war vermutlich, dass der Pfarrernot-

---

[20] Gedruckt als Paul Schütz: Säkulare Religion. Eine Studie über ihre Erscheinung in der Gegenwart und ihre Idee bei Schleiermacher und Blumhardt d. J. (Beiträge zur systematischen Theologie, 2). Tübingen 1932. Vgl. Ustorf: Roots.

[21] StA HH, 221–11 Staatskommissar für die Entnazifizierung und Kategorisierung, HMb c/P 541.

[22] StA HH, 622-1 Familie Schütz, 97, Furche-Verlag an Schütz 11.10., 18.10. und 24.10.1935 (im letzten Brief wird die zitierte Begründung des Verbots mitgeteilt). Paul Schütz: Der Anti-Christus. Eine Studie über die widergöttliche Macht und die deutsche Sendung (Stimmen aus der deutschen christlichen Studentenbewegung, 83). Berlin 1933, 2. Aufl. 1935, Neuausgabe Kassel 1949, in Auszügen in Band zwei der Gesammelten Werke aufgenommen; Kremers: Schütz 46 und 54. Reaktionen auf das Buch sind überliefert in: StA HH, 622-1 Familie Schütz, 134. Darüber schrieb Schütz an den Dekan der Theologischen Fakultät in Gießen, Ernst Haenchen (1894–1975), am 4.12.1935: „Zu der Ihnen bereits mitgeteilten Beschlagnahmung meines ‚Anti-Christus' füge ich noch hinzu, daß die Bemühungen des Verlegers um Freigabe erfolglos geblieben sind. Der einzige Erfolg war die Zusicherung der Entscheidungsinstanz, daß mit der Beschlagnahmung ‚keinesfalls eine persönliche Kränkung des Verfassers verbunden ist'" (Universitätsarchiv Gießen [UA GI], Theol K 12). Diese Mitteilung der Geheimen Staatspolizei vom

bund diesen Titel auf den Plan für das gemeinsame Studium gesetzt hatte, was bei einer Hausdurchsuchung der Gestapo zur Kenntnis kam.[23]

1939 wurde ein von ihm für den Kasseler Bärenreiter Verlag entworfenes Flugblatt *Was ist ein Christ* ebenfalls verboten und eingezogen.[24] Probleme mit der Zuweisung von Druckpapier für zusätzliche Auflagen gab es bei seinen Büchern *Warum ich noch ein Christ bin* (1938) und *Das Evangelium* (1940). Seine von 1935 bis 1937 verfasste, bereits zitierte Arbeit *Das Mysterium der Geschichte* konnte nicht erscheinen und wurde erst 1950 veröffentlicht.[25]

1938 stand eine Hausdurchsuchung kurz bevor, weswegen Johanna Schütz-Wolff dreizehn ihrer Bildteppiche vernichtete. Eine ihrer frühesten Arbeiten war im Rahmen der Aktion „Entartete Kunst" im Magdeburger Museum beschlagnahmt worden, und sie wollte ihren Mann nicht zusätzlich belasten. Doch der Bürgermeister Schwabendorfs, Konrad Zimmer (1892–1945), verbürgte sich für Paul Schütz, so dass es nicht zur Hausdurchsuchung kam.[26] Erst 1941 beantragte Schütz die Mitgliedschaft in der Reichsschrifttumskammer.[27]

27.11.1935 war die Resonanz auf die umfangreiche Beschwerde des Furche-Verlages vom 15.11.1935, der u. a. Zeugnisse des Ortsgruppenleiters der NSDAP zu Albhausen, des Bürgermeisters von Schwabendorf und des Dekans der Theologischen Fakultät Gießen beigefügt waren (StA HH, 622-1 Familie Schütz, 97).

[23] StA HH, 622-1 Familie Schütz, 98, Schütz an Ernst Haenchen 2.4.1936.

[24] StA HH, 622-1 Familie Schütz, 99, Schütz an Dr. Karl Troebs (1904–1941), den Pressereferenten im Reichsministerium für die kirchlichen Angelegenheiten, 11.2.1939.

[25] Paul Schütz: Das Mysterium der Geschichte. Eine Meditation der Christusapokalypse. Kassel 1950; Nordelbisches Kirchenarchiv Kiel (NEKA), 32.3.03, Personalakte Schütz, Bl. 74, Entnazifizierungsfragebogen vom 21.11.1945; Kremers: Schütz, 46 und 69. Paul Schütz: Warum ich noch ein Christ bin. Briefe an einen jungen Freund. Berlin 1937; ders.: Das Evangelium. Dem Menschen unserer Zeit dargestellt. Berlin 1940, 2. Aufl. 1940, 3. Aufl. Tübingen 1951.

[26] Gespräch mit ihrer Tochter Anne von Miller-Schütz am 14. Dezember 1986 in München; Katja Schneider: Johanna Schütz-Wolff. Textil und Grafik zum 100. Geburtstag. Staatliche Galerie Moritzburg Halle. Halle (Saale) 1996, bes. 9, 25 und 30f, sowie StA HH, 622-1 Familie Schütz, 13, Informationsblatt des Arbeitskreises für die Geschichte der Hugenotten und Waldenser Schwabendorf e. V. III/86: Erinnerung an Prof. Dr. Paul Schütz, Pfarrer in Schwabendorf von 1925–1940. Diese Ereignisse sind nur mündlich überliefert und daher nicht genau datierbar, möglicherweise war es auch schon 1937.

[27] Bundesarchiv Berlin, personenbezogene Unterlagen des Berlin Document Center (BDC), Schütz an Reichsschrifttumskammer 15.5.1941 und 8.6.1941 (mit ausgefülltem Antragsformular). Die Höhe seiner Einkünfte aus der schriftstellerischen Tätigkeit gab er für das Jahr 1940 mit 3.900 RM an. Aufgrund der Papierknappheit wurde sein Antrag als gegenstandslos angesehen; ihm wurde nahe gelegt, nach Kriegsende die Mitgliedschaft erneut zu beantragen.

Die Schrift *Der Anti-Christus* von 1933 war der Versuch, das prophetische Wort für die konkrete geschichtliche Situation und den besonderen Auftrag der Kirche im deutschen Volk zu finden. Schütz verstand den Anti-Christus als personhafte, in der Geschichte Spuren hinterlassende Macht des Bösen, die als sich selbst absolut setzende Ideologie oder politische Bewegung wirke. Schütz sah diese Gestalt des Anti-Christus sowohl im Kommunismus des Ostens als auch im Kapitalismus des Westens heranziehen. Beides seien technokratische Systeme, die auf Weltherrschaft – und damit schließlich auch auf „Welterlösung" – ausgerichtet seien. Das deutsche Volk befinde sich von seiner geografischen Lage in der Mitte und habe den historischen Auftrag, diesen Messianismen zu widerstehen. Schütz interpretierte dies als die „Michaels-Sendung" der Deutschen und betrachtete es als den Auftrag des deutschen Protestantismus, den Blick für diese Sendung zu schärfen.

Paul Schütz, der sonst eine scharfe Trennung von Theologie und Politik anmahnte, wurde hier selbst hochpolitisch: Unverkennbar liegen in diesen Gedanken stark nationalistische Züge, die Nähe zu jungkonservativen Kreisen und der Konservativen Revolution ist deutlich.[28] Der Heidelberger Pfarrer Rudolf Kremers (* 1922) stellt mit Recht folgende Fragen:

> „Und hat Schütz, indem er die Rollen des Antichristus und des Erzengels Michael auf diese Weise in der Zeitgeschichte verteilte, nicht seine eigene Warnung vor direkter Identifizierung des Reiches Gottes und damit auch seines Widersachers mit politischen Bewegungen mißachtet? Hat er vielleicht, von solcher Geschichtsdeutung geblendet, die Größe der Gefahr, die vom Nationalsozialismus drohte, verkannt bzw. zu spät erkannt? Hat er sich vielleicht auch darum am Kampf der Bekennenden Kirche nicht beteiligt? Das ist nicht ganz

---

Nachträgliche Befreiungsscheine von der Mitgliedschaft in der Reichsschrifttumskammer für die bereits veröffentlichte Werke *Das Evangelium* und *Warum ich noch ein Christ bin* wurden erteilt (ebd., Reichsschrifttumskammer an Schütz 28.6.1941). Weitere Unterlagen konnten in den Beständen Reichsministerium für Wissenschaft, Erziehung und Volksbildung (R 4901) sowie Reichsministerium für die kirchlichen Angelegenheiten (R 5101) nicht ermittelt werden (freundliche Mitteilung des Bundesarchivs Berlin, Herr Zarwel, vom 11.4.2006).

[28] Kurt Sontheimer: Antidemokratisches Denken in der Weimarer Republik. Die politischen Ideen des deutschen Nationalismus zwischen 1918 und 1933. 2. Aufl. München 1983, bes. 121–123; Joachim Petzold: Konservative Theoretiker des deutschen Faschismus. Jungkonservative Ideologen in der Weimarer Republik als geistige Wegbereiter der faschistischen Diktatur. Berlin (DDR) 1978; Yuji Ishida: Jungkonservative in der Weimarer Republik. Der Ring-Kreis 1928–1933 (Europäische Hochschulschriften 3, 346). Frankfurt/Main-Bern-New York-Paris 1988.

von der Hand zu weisen. Von der dargestellten Geschichtssicht her konnte ja die nationalsozialistische Erhebung zumindest in den Anfängen als Erfüllung des geschichtlichen Auftrages des deutschen Volkes verstanden werden, als Widerstand gegen die auf Weltbeherrschung angelegten Systeme des Bolschewismus im Osten und des Kapitalismus im Westen. [...] Selbst wenn es so wäre, daß die göttliche Vorsehung dem deutschen Volk und in ihm wieder besonders dem deutschen Protestantismus eine solche Rolle im Weltgeschehen zugeteilt hat – kann dann ein deutscher Protestant das behaupten, ohne sofort aus dieser Berufung herauszufallen? Nicht einmal Jesus hat ja von sich gesagt, daß er der Messias sei."[29]

Hintergrund für Schütz' Einstellung könnte seine biografische Prägung sein, die auch für seine Formulierungen über das Judentum aussagekräftig ist. 1936 schrieb er in einem Brief:

> „Für mich gehört das Verhältnis zu Volk und Heimat, Blut, Boden und Rasse noch zu den Selbstverständlichkeiten des Daseins. Aus dieser stummen unreflektierten und darin ungebrochenen Selbstverständlichkeit heraus sind wir damals in den Krieg gezogen – Sie wissen ja, dass ich ein Langemarkkämpfer bin – und habe ich mit vielen Tausenden der gleichen Haltung vier Jahre lang für mein Volk gekämpft."

Ein Jahr später betonte er:

> „Ich bin ja nun nicht nur ein Christ, sondern wahrlich auch ein Deutscher. Es will mir da scheinen, dass wir vor dem Schicksal die Pflicht haben, mit allerhöchster Gewissenhaftigkeit nicht so sehr das Christentum als Christus selbst zu prüfen, ohne den nun einmal der Weltsendungscharakter unseres Volkes nicht da wäre, bevor wir uns endgültig von ihm lösen."[30]

Wie deutete Schütz den Nationalsozialismus? Es gibt nur sehr wenige Aussagen von ihm zum „Dritten Reich", eine kritische Auseinandersetzung hat

[29] Kremers: Schütz (Anm. 2), 53.

[30] StA HH, 622-1 Familie Paul Schütz, 98, Schütz an den Theologiestudenten (Heinz?) Bruchwitz in Tegel bei Berlin 22.6.1936; ebd., Schütz an den Studenten (Heinrich?) Link in Berlin 12.8.1937.

sich in den vorliegenden Unterlagen nicht widergespiegelt. In einem Brief an den Tübinger Systematiker Adolf Köberle (1898–1990) schrieb er Anfang 1946: „Die Lage ist die: Unser Volk ist in seiner Mehrheit einer antichristlichen Dämonie von ungeahnter Stärke verfallen."[31] Damit folgte Schütz einer gerade in kirchlichen Kreisen verbreiteten oberflächlichen und wenig konkreten Interpretation der Jahre von 1933 bis 1945. Dämonen seien über „das Vaterland" hereingebrochen und hätten das Unheil der zwölf Jahre bewirkt. Da ein Mensch gegenüber Dämonen machtlos ist, erübrigte es sich mit diesem Verständnis auch, die eigene Vergangenheit kritisch zu analysieren.[32]

Wenn man sich mit der (kirchen-)politischen Einstellung von Paul Schütz beschäftigt, so fällt auf, dass er zwar mit dem Bonner systematischen Theologen und religiösen Sozialisten Fritz Lieb (1892–1970) für einige Jahre zusammen die Zeitschrift *Orient und Occident* herausgab, sich aber sonst politisch eher nach „rechts" orientierte. So publizierte er mehrfach in der Zeitschrift *Die Tat*, die – wie der Politologe Kurt Sontheimer (1928–2005) es formulierte – „zu einem nicht geringen Teil daran mitgewirkt [hat, R. H.], den Nationalsozialismus unter deutschen Gebildeten salonfähig zu machen", obwohl sie die Machtübertragung an die NSDAP und deren Konsequenzen so nicht gewollt hatte.[33] 1932 und 1933 bot Schütz

---

[31] Nachlass Paul Schütz, Kopie im Besitz des Verfassers, Schütz an Köberle o. D., vermutlich Anfang 1946.

[32] Vgl. dazu Rainer Hering: Theologie im Spannungsfeld von Kirche und Staat. Die Entstehung der Evangelisch-Theologischen Fakultät an der Universität Hamburg 1895 bis 1955 (Hamburger Beiträge zur Wissenschaftsgeschichte 12). Berlin-Hamburg 1992, bes. 106f; ders.: „Einer antichristlichen Dämonie verfallen". Die evangelisch-lutherischen Kirchen nördlich der Elbe und die nationalsozialistische Vergangenheit. In: Nordlichter. Geschichtsbewußtsein und Geschichtsmythen nördlich der Elbe. Hrsg. von Bea Lundt (Beiträge zur Geschichtskultur 27). Köln-Weimar-Wien 2004, 355–370, bes. 360f.

[33] Kurt Sontheimer: Der Tatkreis. In: Vierteljahrshefte für Zeitgeschichte 7 (1959), 229–260, 254f. Der „Tat"-Herausgeber Hans Zehrer (1899–1966) war nach 1945 Chefredakteur der „Welt" und des evangelischen „Sonntagsblatts" (Gerhard Heinemann: „Die Tat" und das Geheimnis der Geschichte. Von der Apologie des Nationalsozialismus bis zur „Welt" – die Kontinuität einer Karriere. In: Frankfurter Rundschau, Nr. 52, 2.3.1988, 6; Axel Schildt: Deutschlands Platz in einem „christlichen Abendland". Konservative Publizisten aus dem Tat-Kreis in der Kriegs- und Nachkriegszeit. In: Deutschland nach Hitler. Zukunftspläne im Exil und aus der Besatzungszeit 1939–1949. Hrsg. von Thomas Koebner, Gert Sautermeister und Sigrid Schneider. Opladen 1987, 344–369, 352f; Otto Köhler/Monika Köhler: Unheimliche Publizisten. Die verdrängte Vergangenheit der Medienmacher. München 1995, 328–339). Zum Hintergrund: Axel Schildt: Konservatismus in Deutschland. Von den Anfängen im 18. Jahrhundert bis zur Gegenwart. München 1998, 131ff. Zu Schütz' Beiträgen in der Zeitschrift „Die Tat" zählen: Von Blumhardt zu Barth. Ein Beitrag zur religiösen Lage. In: Die Tat 14 (1922/23), 423–432; ders.: Ernüchterung zur Endlichkeit. In: Die Tat 24 (1932), 673–682 und 771–778. Vom „Tat"-

vergeblich der völkischen Zeitschrift *Deutsches Volkstum* Manuskripte an; auch präsentierte er 1933 der Hanseatischen Verlagsanstalt, dem institutionellen Rückgrat der Konservativen Revolution, ein Buchprojekt, das allerdings ebenso abgelehnt wurde.[34]

Den „Anschluss" Österreichs 1938 begrüßte Schütz nachdrücklich. An den damaligen Mitarbeiter im Kirchlichen Außenamt der Deutschen Evangelischen Kirche und späteren Bundestagspräsidenten Eugen Gerstenmaier (1906–1986) schrieb er:

> „Die Vereinigung mit Oesterreich, auf die ich seit dem Kriege gehofft habe, bewegt mich nicht wenig. Für unser völkisches Schicksal ist die Tragweite dieses Ereignisses kaum zu überschätzen. (...) Ich selbst wäre bereit, meine Gemeinde hier aufzugeben, wenn ich in Oesterreich eine wirkliche Einsatzmöglichkeit heute fände."[35]

Im „Kirchenkampf" wandte sich Paul Schütz weder der „Bekennenden Kirche" noch der „Glaubensbewegung Deutsche Christen" zu, kurzzeitig im Sommer 1934 hatte er offenbar erwogen, aufgrund der „veränderten kirchlichen Verhältnisse" aus „Gewissens- und Glaubensgründen" sich in den Ruhestand versetzen zu lassen, diesen Gedanken aber nicht weiter verfolgt.[36] Er kritisierte jede Vermischung von Politik und Religion in der Kirche, die Bekennende Kirche bezichtigte er, aus der Kirche eine „Religionspartei"

Kreis geprägt war auch die Zeitung „Christ und Welt", in der Schütz in den Sechziger- und Siebzigerjahren publizierte.

[34] StA HH, 622-1 Familie Paul Schütz, 96, Redaktion Deutsches Volkstum an Schütz 8.7.1932 und 29.3.1933 sowie Hanseatische Verlagsanstalt an Schütz 18.4.1933. Vgl. Knut Bergmann: Das „Deutsche Volkstum" – eine Zeitschrift des „Neuen Nationalismus" in der Weimarer Republik. Magisterarbeit (Geschichtswissenschaft). Ms. Hamburg 1986; Siegfried Lokatis: Hanseatische Verlagsanstalt. Politisches Buchmarketing im „Dritten Reich". Frankfurt/Main 1992. Zur Konservativen Revolution s. u.

[35] StA HH, 622-1 Familie Paul Schütz, 93, Schütz an Gerstenmaier 14.3.1938. Zum Kirchlichen Außenamt, seinem Bischof Theodor Heckel (1894–1967) und Eugen Gerstenmaier vgl. Rolf-Ulrich Kunze: Theodor Heckel. 1894–1967. Eine Biographie (Konfession und Gesellschaft 13). Stuttgart-Berlin-Köln 1997, bes. 119–181.

[36] StA HH, 622-1 Familie Paul Schütz, 97, Schütz an Rechtsanwalt Dr. Eberhard Fiedler (1898–1947) in Bad Oeynhausen 20.7.1934. Fiedler leitete die juristische Abteilung im Präsidium der Bekenntnissynode und war Mitglied des Reichsbruderrates und des Rates der Deutschen Evangelischen Kirche. Vgl. Kirche im Widerspruch. Die Rundbriefe des Bruderbundes Kurhessischer Pfarrer und der Bekennenden Kirche Kurhessen-Waldeck 1933–1935. Hrsg. von Martin Hein (Quellen und Studien zur hessischen Kirchengeschichte 2). Darmstadt 1996, 579.

machen zu wollen.[37] Er missbilligte die politische Haltung einiger Vertreter der Dialektischen Theologie, vor allem ihres Hauptes Karl Barth (1886–1968), der zeitweilig Sozialdemokrat war. Hier wurden Schütz' nationalkonservative Einstellungen wieder deutlich.

1934 wandte er sich fragend an den hannoverschen Landesbischof August Marahrens (1875–1950)[38], von dem er als Einzigem Hilfe erwartete, da er in der Bekennenden Kirche den Keim einer Sektenkirche sah. Nach einer anfänglichen gewissen inneren Nähe zur Bekennenden Kirche nahm er nach der Botschaft der Zweiten Bekenntnissynode der Deutschen Evangelischen Kirche zu Dahlem im Oktober 1934 eine äußerst kritische Haltung ein, weil er eine Spaltung der Kirche befürchtete und sich mit seinem am Dritten Artikel des Apostolischen Glaubensbekenntnisses orientierten Kirchenverständnis ausgegrenzt fühlte. Obwohl die Bekennende Kirche betonte, dass Kirche Kirche bleiben müsse, worin Schütz mit ihr konform ging, stand er ihr distanziert gegenüber. Wörtlich schrieb er:

> „Trotzdem konnte ich mich nicht entschliessen, weder der Bekenntnisfront, noch dem Notbund anzugehören. Einer meiner Hauptgründe war der Eindruck, dass die Bekenntnisfront den Keim der Sektenkirche in sich berge. Zu meiner Bekümmernis findet diese Befürchtung ihre Bestätigung in fast allen Aeusserungen, die in den letzten Tagen aus der Bekenntnisfront laut werden. Vor allem aber in Absatz III, 3 der offiziellen ‚Botschaft' vom 20.10., *der den Bruch mit allen ihr nicht Eingegliederten fordert.* Die ‚Botschaft' in ihrem offiziellen Charakter macht diese Forderung besonders schwerwiegend. Damit hört die Synode auf, die selbstlos dienende Kampftruppe der *Gesamtkirche* zu sein. Damit stellt sie der DeCe-Kirche die ‚BeKa'-Kirche gegen-

---

[37] „Insbesondere ist das Versagen der BK hier total. Durch die in ihr herrschende dialektische und die daraus folgende politische Verkrampfung ist sie sozusagen grundsätzlich und von vornherein aus der Kontaktmöglichkeit mit unserem Volk herausgelöst. Es will mir fast scheinen, als ob heute Christus unserem Volke nur noch ausserhalb der alten Kirchen begegnen könne." (StA HH, 622-1 Familie Paul Schütz, 98, Schütz an Adolf Köberle 12.8.1937).

[38] Zur sehr kontroversen Einschätzung der Rolle von Marahrens im „Dritten Reich" vgl. Bewahren ohne Bekennen? Die hannoversche Landeskirche im Nationalsozialismus. Hrsg. von Heinrich Grosse, Hans Otte und Joachim Perels. Hannover 1996; Die Evangelisch-lutherische Landeskirche Hannovers in der Zeit des Nationalsozialismus. Eine Forschungsbibliographie. Bearb. von Thomas Jan Kück (Veröffentlichungen aus dem Landeskirchlichen Archiv Hannover 3). Hannover 1997; Gerhard Lindemann: „Typisch jüdisch". Die Stellung der Ev.-luth. Landeskirche Hannovers zu Antijudaismus, Judenfeindschaft und Antisemitismus 1919–1949. Berlin 1998.

> über. Die Kampftruppe will selbst Kirche sein. Wie es nun aber keine DeCe-Kirche gibt, so auch keine BeKa-Kirche. Auch heute, und heute mehr denn je, gilt nur die Kirche des Dritten Artikels. Jedes Weichen von diesem Hauptstück des Glaubens, mit welchem Vorzeichen auch immer bewaffnet, führt zur Sekte. Ausser Ihnen, hochwürdigster Herr Bischof, weiss ich niemanden mehr, der noch objektiv genug wäre, hier helfen zu können. Ich bitte Sie daher inständigst, alles zu tun, um diese Zerreissung des brüderlichen Bandes zu verhindern. Denn durch Artikel III, 3 der Botschaft wird auch die grosse und wertvolle Gruppe der innerlich der Bekenntnissynode Zugewandten getroffen und ausgeschieden, der es um ihres *kirchlich* gebundenen Gewissens willen niemals möglich sein wird, einer kirchenpolitischen Organisation anzugehören."[39]

Schütz hat die Dahlemer Botschaft einseitig überinterpretiert, denn es ist nicht von einem Bruch mit den nicht zur Bekennenden Kirche Zählenden die Rede, sondern von einem Rückzug aus der Zusammenarbeit. Wörtlich hieß es in Absatz III, 3:

> „Wir fordern die christlichen Gemeinden, ihre Pfarrer und Ältesten auf, von der bisherigen Reichskirchenregierung und ihren Behörden keine Weisungen entgegenzunehmen und sich von der Zusammenarbeit mit denen zurückzuziehen, die diesem Kirchenregiment weiterhin gehorsam sein wollen. Wir fordern sie auf, sich an die Anordnungen der Bekenntnissynode der Deutschen Evangelischen Kirche und der von ihr anerkannten Organe zu halten."[40]

Schütz erklärte sich in diesem Punkt solidarisch mit seiner Gemeinde,

> „die aus ihrem konservativen Instinkt heraus alles, was auch nur den Anschein einer Kirchen*partei* an sich hat, mit Distanz betrachtet. Die DC haben hier überhaupt keinen Eindruck gemacht. Aber auch ein ‚Uebergang' – denn als solcher stellt sich dem bäuerlichen Empfinden

[39] StA HH, 622-1 Familie Paul Schütz, 97, Schütz an Marahrens 29.10.1934, Hervorhebungen im Original.

[40] Abgedruckt in: Die zweite Bekenntnissynode der Deutschen Evangelischen Kirche zu Dahlem. Text – Dokumente – Berichte. Hrsg. von Wilhelm Niemöller (Arbeiten zur Geschichte des Kirchenkampfes 3). Göttingen 1958, 37f.

eine Eingliederung in die Beka-Kirche vor – ist hier nicht möglich. Ich hätte gegen die tragende Substanz meiner Gemeinde angehen müssen, wenn ich sie gerade an diesem Punkte zu einer ‚Bewegung' mit hingerissen hätte. Und nach meiner nun bald zehnjährigen Arbeit hier bin ich gerade in dem Punkte, wo es um die ‚Kirche' geht, nicht Einzelpfarrer, sondern mit meiner Gemeinde identisch. Wir sind also seit einem Jahre ungefähr hier zur ‚Selbstregierung' übergegangen. Ein Zustand, der sich angesichts der ausserordentlichen Unfruchtbarkeit der kirchlichen Verworrenheit unserer Landeskirche sehr bewährt hat."[41]

1940 schrieb er an einen Amtsbruder:

> „Ich habe den Weg der Bekennenden Kirche [...] als stärksten Ausdruck der inneren Katastrophe der evangelischen Christenheit unserer Zeit empfunden, nämlich in ihrem Anspruch: die Kirche zu sein. So wurde das Gute, was in dieser Bewegung als Mahnmal für uns aufgerichtet war, zur Vermessenheit."[42]

Die Barmer Theologische Erklärung konnte Paul Schütz nicht mittragen. Er sah in ihrer Berufung auf Jesus Christus als das „eine Wort Gottes" eine Vertiefung der in der Reformation wurzelnden christologischen Verengung des Glaubens. Die Betonung des „Christus allein" mochte zwar zur Abwehr der deutschchristlichen Irrlehre geeignet sein, für ihn aber bedeutete es in erster Linie eine einengende Irreführung des biblischen Glaubens – hier deutete sich bereits ein Grundzug seiner Theologie an, die zu Beginn

---

[41] StA HH, 622-1 Familie Paul Schütz, 97, Schütz an den Berliner Pfarrer, Präses der dortigen Bekennenden Kirche und späteren oldenburgischen Landesbischof Gerhard Jacobi (1891–1971) 7.11.1934.

[42] StA HH, 622-1 Familie Paul Schütz, 100, Schütz an Pfarrer Franz Berthoud (1894–1977) 13.12.1940. 1950 schrieb Schütz an den Theologen Hans Asmussen (1898–1968): „In Ihrer Stellungnahme zu Niemöller habe ich besonders aufgemerkt auf den Satz: ‚Es ist unglaubwürdig geworden, dass es uns unter Hitler wirklich um das Bekenntnis ging.' Nicht Ihnen, aber Niemöller gegenüber und einer bestimmten Gruppe seiner Anhänger ist mir diese Unglaubwürdigkeit bereits 1935 in so hohem Masse evident gewesen, dass es mir nicht möglich war, mich der Bekennenden Kirche anzuschliessen, obwohl fast alle meine Freunde in ihr standen. Die politische Religion gehört zu den dämonischen Versuchungen der Kirche, die deshalb so tödlich wirken, weil hier die Unterscheidung der ‚Geister' am schwierigsten ist." (StA HH, 622-1 Familie Paul Schütz, 104, Schütz an Asmussen 25.11.1950).

der Fünfzigerjahre zum offenen Konflikt mit dem lutherischen Bekenntnis und zu seiner Versetzung in den Ruhestand führte.[43]

Doch auch die Deutschen Christen blieben nicht ohne Kritik:

> „So sind uns die ‚Deutschen Christen' zum verdienten Gottesgericht geworden. Aber darin, dass sie religiöse Erneuerung durch Politik wollten (entgegen dem so klugen Wort des Führers) haben sie nicht nur gegen Schöpfung, Gnade und Glauben, sondern gegen die tiefsten Lebensgesetze der Seele selbst verstossen. Diese Gesetze sind Geheimnisse. Sie sind der intellektuellen Diskussion entzogen. Wer aber wider sie verstösst, wird mit Verlust am Leben selbst gezüchtigt und zwar am irdischen und himmlischen Leben. Das ist es, was im gegenwärtigen Zusammenbruch seiner Kirche der evangelische Mensch in Deutschland erlebt."[44]

Schütz klagte Reichsbischof Ludwig Müller (1883–1945) am Reformationstag des Jahres 1934 der Irrlehre an, weil dieser eine an die Gemeinden gerichtete Kanzelabkündigung für das „Winterhilfswerk" mit dem Satz beendet hatte: „Gott führe im Dritten Reich ein Stück seines heiligen Gottesreiches weiter über Deutschland gnädig herauf!". Schütz verfasste daraufhin eine Anklageschrift, die von den Ältesten seiner Gemeinde gebilligt[45] und

---

[43] Kremers: Schütz (Anm. 2), 50–52; Hering: Hessen (Anm. 2), 31–38. 1952 schrieb Schütz sogar: „Plötzlich sieht man, an welchen Abgrund diejenigen die evangelische Kirche herangeführt haben, die die Barmer Erklärung einzubauen veranlaßt haben. Hier wird sichtbar – nämlich im Horizont der communio sanctorum –, daß diese These [gemeint ist die erste, R. H.] nichts anderes ist als die Scylla, die der Charybdis der Deutschen-Christen-Theologie als das andere, gefährlichere Übel entspricht, gefährlicher, weil in ihrem häretischen Charakter ungleich schwerer zu durchschauen als die Naivitäten jener." [Besprechung von Max Lackmann: Vom Geheimnis der Schöpfung. Stuttgart 1952. In: Eckart 22 (1952/53), 347–349, Manuskript in: StA HH, 622-1 Familie Paul Schütz, 81].

[44] StA HH, 622-1 Familie Paul Schütz, 97, Schütz an Dr. Hans Beyer (1908–1971) in Berlin 11.1.1934.

[45] Das Sitzungsprotokoll seiner Anklageschrift gegen den Reichsbischof wurde von sämtlichen Kirchenältesten einzeln unterzeichnet, was sonst nicht üblich war: „Denn bei diesen einfachen, handfesten Männern ist noch jenes kostbare Wissen lebendig, dass die Kirche nicht so sehr im Kampf um das kirchenpolitische Ziel ihrer Regierung als im Kampf um ihre Wahrheit die Entscheidungsschlacht zu schlagen haben wird. Diese Schlacht aber kommt erst. Nicht dass ich den Kampf um die Sache in irgendeiner Weise gering schätze. Ich aber habe meinen Platz in jenem anderen noch bevorstehenden Kampf. Mich auf ihn zu rüsten, habe ich indes jede Stunde hier hinter meinem Walde ausgenutzt. Denn das werden Sie selbst empfinden, dass nach Abschluss des Kampfes der Kirche um ihre elementare Selbstbehauptung von der Welt an sie die Frage gerichtet werden wird, welches das Wort sei, das sie nun eigentlich zu sagen habe."

dann von ihm weiter an die Kirchenleitung und die theologischen Fakultäten Marburg und Gießen geschickt wurde.[46] Müller sage in seinem Satz, dass das Gottesreich von dieser Welt sei, was im Widerspruch zum Satz Jesu Christi „Mein Reich ist nicht von dieser Welt" (Johannes 18, 36) stehe. Im „Dritten Reich" das Gottesreich zu preisen, verleugne zugleich eine Grundwahrheit der Reformation.

> „Im Menschenreich gibt es nur einen einzigen Weg zum Gottesreich. Das ist der Weg ‚allein aus Glauben'. Allein aus Glauben – nämlich *an die Vergebung der Sünde*. Die Irrlehre des Herrn Reichsbischofs schliesst das einzige Wort aus, das im Menschenreich den Weg zum Gottesreich öffnen kann, das einzige Wort, das einst wie heute am Tor jeder Reformation steht: das Wort ‚Busse'."

Zudem sah er in dem Satz des Reichsbischofs eine Umdeutung der politischen Erneuerung zur religiösen Reformation: „Da wird das Evangelium nationalsozialistisch und der Nationalsozialismus Evangelium." Eine Reaktion darauf konnte bislang nicht ermittelt werden, weder in den Gemeindeunterlagen noch im Nachlass Schütz findet sich etwas darüber.[47] Einen Monat später, am 21. November 1934, erhielt Reichsbischof Müller eine Aufforderung zum Rücktritt, die Vertreter von 16 Theologischen Fakultäten Deutschlands unterzeichnet hatten, darunter auch Paul Schütz.[48]

(StA HH, 622-1 Familie Paul Schütz, 97, Schütz an Jacobi 7.11.1934), vgl. auch Schwabendorf (Anm. 26), 305f.

[46] So der Vermerk auf der Anklageschrift selbst. Im Nachlass Schütz finden sich keine Hinweise auf eine Versendung an die beiden Universitäten. Im Universitätsarchiv Gießen (UA GI) waren ebenfalls keine Hinweise zu ermitteln, im Briefeingangsbuch (UA GI, Theol C 6) ist weder 1934 noch 1935 eine entsprechende Zuschrift vermerkt, auch findet sich in den Protokollen der Fakultätssitzungen kein Hinweis darauf (ebd., Theol C 2; freundliche Mitteilung von Frau Dr. Eva-Marie Felschow, UA GI, vom 9.1.1997). In den Unterlagen der Theologischen Fakultät Marburg konnte ebenfalls weder der Fachbereich Evangelische Theologie der Philipps-Universität Marburg noch das zuständige Staatsarchiv Marburg Hinweise auf diesen Vorgang ermitteln (freundliche Mitteilung von Herrn Dipl.-Bibl. Klaus Wittrock vom Fachbereich Evangelische Theologie vom 18.3.1997).

[47] StA HH, 622-1 Familie Paul Schütz, 97, Anklageschrift auf Irrlehre gegen den Herrn Reichsbischof Ludwig Müller, Hochwürden vom 31.10.1934, Hervorhebung im Original; Schwabendorf (Anm. 26), 306. Thomas Martin Schneider: Reichsbischof Ludwig Müller. Eine Untersuchung zu Leben, Werk und Persönlichkeit (Arbeiten zur kirchlichen Zeitgeschichte 19). Göttingen 1993 erwähnt Paul Schütz mit keinem Wort.

[48] UA GI, Theol B 6, Bd. 1, Schreiben an Ludwig Müller vom 21.11.1934. Die Rücktrittsforderung war bereits telegrafisch am 6.11.1934 an Müller geschickt worden. Wiedergegeben ist sie

Paul Schütz hat sich auch mit der „Deutschen Glaubensbewegung“ des Tübinger Indologen und Religionswissenschaftlers Jakob Wilhelm Hauer (1881–1962) auseinandergesetzt und ihr viel Verständnis entgegengebracht. Im Oktober 1933 schrieb er an Hauer – und da dieser Brief sehr aussagekräftig für Schütz' eigenes Glaubensverständnis ist, soll er ausführlich zitiert werden:

> „Mit starker Anteilnahme habe ich im ‚Reichswart' die Entstehung einer ‚deutschen Glaubensbewegung' verfolgt. Sie wissen ja, dass ich mich zu Luthers ‚sola fide in Christum' halte, mich zugleich aber als ein so Glaubender in Abkehr von der Geisteshaltung des Westens und von dem Konfessionalismus seiner Kirchen dem tiefströmenden Leben des östlichen Christentums offenhielt. Ich bin also nicht deutschgläubig im Sinne Ihrer Bewegung. Und doch erkenne ich, dass mich mit Ihnen ein ganz Wesentliches verbindet: der gemeinsame Kampf um die elementaren *Voraussetzungen* des Glaubens überhaupt. Ich sehe in Ihrer Bewegung eine radikale Ehrlichkeit lebendig. Ehrlichkeit ist freilich noch kein Glaube. Sie enthält vielmehr mindestens gleich stark die Möglichkeit der Verzweiflung und des Selbstbetruges in sich. Dennoch bleibt sie die unabdingbare Voraussetzung des Glaubensgeschenkes. Dass Sie dieser – heute leider nicht mehr unbedingten – Selbstverständlichkeit mit leidenschaftlicher Kraft Ausdruck gegeben haben, dafür danken Ihnen mit mir noch Viele. Noch wichtiger aber ist der hier noch lebendige Instinkt für das Grundgeheimnis alles religiösen Lebens: dass Glaube nur aus Freiheit möglich ist. Nicht nur um der Ehrlichkeit des Menschen sich selbst gegenüber, sondern vor allem um der Ehrfurcht vor dem Gegenstand des Glaubens selber willen. Der Glaube bleibt auf Erden in der vergänglichen Zeit immer Kampf und Wagnis in der *gefährlichen* Freiheit getan, in der Raum frei gehalten bleibt für jene letzte Entscheidung über Wahr und Falsch, die allein bei Gott selbst liegt. In der deutschen Glaubensbewegung verspüre ich etwas von jenem deutschen ‚Protest', im Angesicht der vermessenen Grenzüberschreitung, durch die der Mensch um seine freie Hingabe, Gott aber

im Rundbrief Bernhard Heppes (1897–1945) an die Pfarrer der Bekennenden Kirche Kurhessen-Waldeck vom 10.11.1934, allerdings wird dort der 5.11.1934 als Absendedatum des Brieftelegramms angegeben. Vgl. Hein: Kirche (Anm. 36), 179–186, bes. 182f.

> um seine Hoheit gebracht werden muss. Und diese beiden, Hingabe und Hoheit, sind ganz unlösbar der Freiheit verhaftet. Hier sehe ich den tiefen Sinn des deutschen Freiheitsgedankens, in der Verteidigung des Raumes, in dem Glaube überhaupt erst wird. Dieser Raum aber steht heute in Gefahr durch einen neuen Kryptoromanismus."[49]

Über die kirchliche Situation in Deutschland schrieb Paul Schütz 1937:

> „Daß ich nun vom Letzten am liebsten schwiege: von der politisierenden Kirche! Es mag uns solcher Politismus als noch so unvermeidlich bewiesen werden – er wird zum Gift in dem Brote, das man unseren Seelen reicht. Er ist die Wunde, aus der sich die Christenheit heute zu Tode blutet, und zwar ausnahmslos auf allen Fronten."[50]

Hier wird die radikale Denkart von Paul Schütz deutlich; ausgewogene Urteile waren seine Sache nicht. Das mag seine geringe theologische Resonanz erklären. Bereits 1933 hatte er erkannt: „Wenn ich mich umsehe und genau zusehe, so finde ich mich in Deutschland ziemlich einsam in meiner von Anfang innegehaltenen Linie der ausschließlichen Kirchlichkeit." Auch später blieb er ein Einzelgänger, der zwischen „Konfessionalisten" und „Dialektikern" stand, durch und durch Nonkonformist war und sich in seiner Rolle als Querdenker wohl auch gefiel.[51]

Nach 1945 finden sich zahlreiche intensive Kontakte zu Personen, die durch ihre nationalsozialistische Vergangenheit sehr belastet waren, zum Beispiel dem Kaufmann Wolfgang Essen (1903–1955), der für Schütz 1953 die Klopstock-Stiftung gründete, dem Kirchenhistoriker Ernst Benz (1907–1978), dem Physiker Pascual Jordan (1902–1980) oder dem ehemaligen Rek-

---

[49] StA HH, 622-1 Familie Paul Schütz, 96, Schütz an Hauer 5.10.1933, Hervorhebungen im Original, offensichtliche Tippfehler wurden stillschweigend korrigiert. Vgl. Margarete Dierks: Jakob Wilhelm Hauer 1881–1962. Leben, Werk, Wirkung. Mit einer Personalbibliographie. Heidelberg 1986; Ulrich Nanko: Die Deutsche Glaubensbewegung. Eine historische und soziologische Untersuchung (Religionswissenschaftliche Reihe 4). Marburg 1993; Werner Ustorf: Two Tales of Post-Christendom: Hauer's Neopaganist Mission of the 1930s and the ‚Soul for Europe' Project of the 1990s. In: Swedish Missiological Themes 87 (1999), 179–207.

[50] Zitiert nach: Paul Schütz: Warum ich noch ein Christ bin. Eine Existenzerfahrung. Dritte Fassung Hamburg 1969, 197.

[51] StA HH, 622-1 Familie Paul Schütz, 88, Schütz an Fritz Lieb 9.11.1933; Kremers: Schütz (Anm. 2), 78.

tor der Hamburger Universität und Vorkämpfer für eine „politische Universität" im „Dritten Reich", dem Historiker Adolf Rein (1885–1979).[52]

4 Das Konzept der politischen Religion bei Paul Schütz

4.1 Entstehung und Aufbau des Konzeptes der politischen Religion

In dem geschilderten biografischen, politischen und kirchenpolitischen Kontext entstand 1935 das Manuskript „Die politische Religion. Eine Untersuchung über den Ursprung des Verfalls in der Geschichte". Vermutlich hatte Schütz aufgrund der Erfahrungen mit dem *Anti-Christus* von einer Veröffentlichung abgesehen. Werkgeschichtlich steht dieses Manuskript zwischen den Büchern *Der Anti-Christus* und *Das Mysterium der Geschichte*. Entscheidend für diese Ausarbeitung war seine oben beschriebene Reise in den Nahen Osten 1928.[53] Irgendwo zwischen Kairo und Teheran hatte Paul Schütz die entscheidende Erfahrung in der Begegnung mit dem Islam bzw. einer besonderen Wahrnehmung des Islam. Hier machte er die Beobachtung, die ihn dazu führte, die westliche Mission zum Rückzug aus dem Nahen Osten aufzufordern, missionarische Aktivitäten als politisiert, als involviert in imperialistische Projekte zu empfinden. Die westliche Christenheit sei innerlich leer, ihre Mission sei in kapitalistischer Rationalität gefangen und diene nur dazu, westliche Ideologie zu unterstützen. Die universalistische Eschatologie der Bibel sei zum politischen Programm reduziert, das messianische Züge annehme und den Imperialismus heilige. Demokratie werde „religiös", der Kapitalismus „ethisch". In diesem Kontext verstand er diese politische Religion als wirkliche Religion, die im Dienst der Kreatur und nicht des Schöpfers stehe.

Diese Gedanken setzte Schütz in seiner bereits erwähnten Habilitationsschrift über *Säkulare Religion* fort. Religion werde säkular oder politisch, wenn die gefallene Menschheit die Grenzen ihrer Existenz überschreiten und das Reich Gottes auf Erden verwirklichen will. Das Anderssein Gottes

[52] StA HH, 622-1 Familie Paul Schütz, 80, Schütz an Rein 14.8.1954, und 101, Dr. von Wedel an Schütz 27.10.1946; Hering: Spannungsfeld (Anm. 32), bes. 244–246.

[53] Hierzu und zum Folgenden besonders Ustorf: Political Religions (Anm. 1), 6–10.

und die Verborgenheit der Wahrheit würden nicht akzeptiert, vielmehr breche die säkulare Religion die Distanz zwischen Gott und Mensch. Gott werde zum Attribut der Menschheit, der Himmel werde zu einem Platz auf Erden. Auch die Theologie könne die Grenze zu Gott nicht überschreiten. Christlicher Glaube setze die Grenze voraus und akzeptiere sie, die die säkulare und die politische Religion zu überwinden trachteten.

Diesen theologischen Überlegungen gingen bereits ähnliche Ansätze voraus. 1925 hatte Paul Tillich den Kapitalismus als auf Glauben in der endlichen Welt basierend bezeichnet, der dämonische Kräfte besitze. Karl Barth sprach 1931 von genuin religiösen Zügen in Kommunismus und Faschismus. Zudem fand in der Missionswissenschaft in den Zwanzigerjahren ein Diskurs statt, der die westliche liberale Kultur einer radikalen theologischen Kritik unterzog. In den Dreißigerjahren gab es in der missionswissenschaftlichen Debatte die Auseinandersetzung mit der politischen Religion – 1938 legte der Missionswissenschaftler und Religionshistoriker Hendrik Kraemer (1888–1965) eine beachtliche Analyse dieses Phänomens auf der Tagung des Internationalen Missionsrates in Madras vor.

Das Manuskript von Paul Schütz „Die politische Religion" umfasst 63 Schreibmaschinenseiten, die sich in die Abschnitte: „Die wahre Erkenntnis der Geschichte", „Der Ursprung der politischen Religion", „Die Entwicklung der politischen Religion", „Die Wirkung der politischen Religion", „Die Überwindung der politischen Religion" gliedern. Eingerahmt wird der Text durch Vor- und Schlussbemerkungen. In zwei Anhängen beschäftigt Schütz sich mit den Themen: „Das hugenottische Leiden im deutschen Raum" (vierzehn Seiten handgeschrieben) und „Der protestantische Mensch und der preußische Staatsgedanke" (fünf Seiten maschinenschriftlich). Die handschriftliche Vorbemerkung stammt aus dem Jahr 1975. Schütz hat sich offensichtlich vierzig Jahre nach der Entstehung wieder mit dem Manuskript beschäftigt und seinen Inhalt nachdrücklich bekräftigt, es aber wieder nicht publiziert. War es ihm möglicherweise wegen der Ausführungen zum Judentum inhaltlich zu heikel? Verschiedene Verleger, unter anderen der Herder-Verlag, hatten Bücher von Schütz aufgrund seiner Aussagen zum Judentum abgelehnt.[54] Die Gründe dafür müssen vorerst of-

[54] Gespräch mit Horst-Klaus Hofmann am 24.2.2006 in Marburg/Lahn. 1980 schrieb Schütz über den ausscheidenden Lektor des Herder-Verlages: „Er ist fanatischer Philosemit und verachtet mich als Kritiker des Judentums." (Schütz an Hans Bürki 20.6.1980; ich danke Horst-Klaus Hofmann dafür, dass er mir eine Kopie dieses Schreibens zur Verfügung gestellt hat).

fenbleiben. Vielleicht war er auch nur dabei, sein unpubliziertes Werk zu sichten, zu ordnen und für die Nachwelt zu erläutern. Im Gegensatz zu Unterlagen im Nachlass über sein Ausscheiden aus der Orient-Mission, die Schütz mit einem zehnjährigen Sperrvermerk nach seinem Tode versehen hatte, hat er dieses Manuskript nicht mit Nutzungsauflagen versehen.[55] Auf jeden Fall war ihm also daran gelegen, dass seine Darstellung der politischen Religion überliefert und eingeordnet werden kann.

4.2 Geschichtliche Erkenntnis

Bevor er sich der politischen Religion zuwendet, setzt Schütz sich mit der „wahren Erkenntnis der Geschichte" auseinander, spricht aber sein Thema schon direkt an. Er hebt hervor, dass es hier um „die eine, ewige Wahrheit" gehe, die „geoffenbarte Wahrheit" sei. Eine wissenschaftliche Wahrheit gebe es nicht mehr.[56] In diesem Kontext betonte er die Rolle des Teilhabers an der geschichtlichen Wirklichkeit und konkret „das Erlebnis der Einsamkeit des Frontsoldaten".[57] Seine Prägung durch den Ersten Weltkrieg wird hier deutlich.

Die naturwissenschaftliche Wahrheit sieht Schütz „als blosse Zweckwahrheit". „Bezweckte die geschichtliche Wahrheit die politische Bemächtigung der Menschenseele, so die naturwissenschaftliche Wahrheit die technische Bemächtigung der Naturkraft." Die Wahrheit bleibe bei der Offenbarung: „Es gibt nur geoffenbarte Wahrheit."[58]

Der Ursprung der Geschichte sei religiöser Natur, der Ursprung liege in der Geschichtsmacht des jüdischen Volkes.[59] In der politischen Religion forme sich der Geschichtswille des Menschen, „in der politischen Religion wirkt der Mensch, ‚als ob' er Gott wäre." Dieses „als ob" sei der religiöse Ursprung der Geschichte.[60] Das Erlösungsverlangen der Kreatur sei der „Ur-Wille des geschichtlichen Geschehens". „Es wird der Mensch politi-

---

[55] StA HH, 622-1 Familie Paul Schütz; und die dazugehörige Geschäftsakte Az. 218–167.

[56] Schütz: Die politische Religion (Anm. 1), Bl. 3, hier in der Edition S. 54. Im Folgenden geben die Seitenzahlen den Beleg in dieser Ausgabe an.

[57] Ebd., Bl. 4, S. 55.

[58] Ebd., Bl. 6, S. 57.

[59] Ebd., Bl. 9, S. 60.

[60] Ebd., Bl. 10, S. 61.

scher Gott und die von ihm gestiftete Religion politische Religion."[61] Der „unmittelbarste Ausdruck des Erlösungswillens als Willen zur Macht, den es je auf Erden gab", sei die Technik. „Der technische Mensch ist der mächtige Mensch schlechthin, mächtig der Lüfte, mächtig der Räume, mächtig der Kräfte, mächtig der Seelen. Technik heißt Heil durch Macht. Der technische Mensch trägt schon gotthafte Züge."[62] Schon in diesem ersten Teil stellt Schütz klar: „Auch die politische Religion ist Religion!"[63]

4.3 Das Judentum als Ursprung der politischen Religion

„Der Stifter der politischen Religion ist das Volk der Juden." Mit diesem Satz beginnt Schütz den zweiten Abschnitt „Der Ursprung der politischen Religion". Weiter heißt es: „Das Volk der Juden aber war es, in dessen Mitte die zeugende Grundnot in ihrem politischen Charakter sichtbar wurde. Es ist der vom Tod bedrohte Lebenswille der Kreatur." Religion werde „politisch"

> „in dem Augenblick, wo der Mensch als ‚Erwählter' diese Setzung von sich aus vollzieht. Waren die Mythen der Völker bisher Teile eines großen Naturmythos der Heidenschaft, so bricht in der Judenschaft mitten in dieser Völkerwelt die neue, ja fremdartige Vision auf, in der die Geschichte als Gegenstand des Mythos lebt. Zwar ist im Geschichts- wie im Naturmythos der Gegenstand immer das vom Tode bedrohte Leben. Im Geschichtsmythos aber zieht sich die Bedrohung aus der kosmischen Unendlichkeit zusammen auf die menschliche Mitte. Hier wird sie erst als ein letztes Gestelltsein auf Tod und Leben als eine letzte unentrinnbare Wirklichkeit erfahren, die endgültige, leibhaftige und seinswagende *Entscheidung* heischt. Erst im Geschichtsraum wird es ernst. Die leibhafte Gestalt, die im Geschichtsraum Träger des politischen Schicksals ist, heißt ‚Volk'. Im Geschichtsmythos der Juden wird sich das Volk der Juden selbst zum Gegenstand des Mythos. Wo das geschieht, da wird das Volk ‚erwähltes Volk'. Da ist es *das* ‚Gottes-Volk'." Durch die Formel „Ein Volk – Ein

[61] Ebd., Bl. 11, S. 61f.

[62] Ebd., Bl. 12, S. 63.

[63] Ebd., Bl. 8, S. 59.

Gott“ sei „die Gottheit des Volkes zugleich auch [zu, R. H.] denken als die Gottheit der Welt“.

Die Dialektik der politischen Religion formuliert Schütz so: „Ihr Wollen der Einung ist das Wirken der Spaltung“. In dieser Formel trage „die Kreatur den Anspruch auf Gott selbst“ vor. Damit setze sie „den Gott Himmels und der Erden in der Enge der Sippenreligion gefangen“, mache ihn „zum Haus- und Blutsgott des völkischen Ghettos“. Dieses Ghetto sei das *„totale Diesseits*. Mit unabdingbarer Unerbittlichkeit durchherrscht die politische Religion mit ihrer Zersetzungskraft die Gesamtheit aller menschlichen Dinge“.[64]

In diesen Kontext stellt Schütz Jesus Christus:

> „Christus behauptete für sich den Königscharakter. Sein Reich aber sei nicht von dieser Welt. Es werde aber kommen. Es werde kommen mit ihm einst in den Wolken des Himmels. Damit war das Grundgesetz der völkischen Gottesherrschaft verneint. Volk ist Erde und sein Reich von dieser Welt. Es kann nie und nimmer ‚in den Wolken des Himmels‘ kommen. Ein Reich, das nicht von dieser Welt, das vom Himmel ist, dessen König nicht auf der Burg Jerusalem sitzt, sondern zur Rechten Gottes, bedeutet das Ende des völkischen Messiasreiches. Der Vertreter der völkischen Gottesherrschaft muß urteilen, ja kann gar nicht anders urteilen als: ‚Lästerung‘ und ‚des Todes schuldig‘. In Jesus Christus war das große Andere mit schweigender Majestät in das Gesichtsfeld dieser Welt getreten. Diese Welt aber konnte nicht anders, sie mußte sagen: Kampf bis aufs Blut. Denn dieser große Andere bedeutete ihr Ende.“ Mit der Kreuzigung habe „das Volk der Juden aufgehört, ein Volk zu sein. Es wird aufhören, ein Volk zu sein bis an das Ende. Das Gottesvolk wird zum Volk in der Zerstreuung. Es trägt den Sauerteig der Massewerdung in die Völkerwelt. Unter dem Ruf ‚Ein Volk – Ein Gott‘ zerfallen die Völker, zerspaltet sich der Glaube. Denn mit dem Feldgeschrei des abtrünnigen Gottesvolkes überkommt auch sein Fluch die Heidenschaft. [...] Hier liegt das religiöse Geheimnis des Nihilismus verborgen, dem die moderne Völkerwelt in der Massewerdung unaufhaltsam entgegen-

[64] Ebd., Bl. 14–17, S. 64–67; Hervorhebungen im Original.

> treibt. [...] Es gibt fortan nur noch Christusverwerfer und Christusgläubige in der Welt. Es gibt fortan nur noch Juden und Judengenossen in der Welt – oder Christen."[65]

In seinem von 1935 bis 1937 verfassten und 1950 erstmals gedruckten Buch *Das Mysterium der Geschichte. Eine Meditation der Christus-Apokalypse*, erneut aufgelegt im zweiten Band seiner Werkausgabe, führt Schütz diese Gedanken weiter aus:[66]

> „Der ‚Messias' ist der Inhalt der Verheißung und der Grund der Erwählung. Er ist ‚das' Zeichen Israels. Die Verführungsmacht aber, die von diesem Zeichen auf die Völkerwelt ausgeht, ist geraubte Verheißungskraft und geraubter Erwählungssegen. Geraubt von dem abtrünnigen Gottesvolk, das aufhörte, Israel zu sein, und Judentum wurde. [...] Es ist der Zauber des Verführers, der die Verheißung nicht mehr hinnimmt aus Gottes Hand, sondern der sie verwirklicht mit eigener Faust. Es ist der Zauber des politischen Messias."[67]

> „Die Juden verwarfen Christus, weil sie nach Wirklichkeit verlangten. Sie wollten kein geglaubtes Heil, sondern ein wirkliches Heil."[68]

> „Der jüdische Wille ist politischer Wille. Und politischer Wille ist Wille zur Verwirklichung. Er ist als messianischer Wille der Wille zur totalen Verwirklichung. Mit unbändiger Leidenschaft setzt er das Letzte an die Verwirklichung des höchsten Zieles, das Gott ist."[69]

> „Das Volk will selbst der Messias sein."

Überall sei zwar die Idee Gottes, des Menschen, der Gemeinschaft, aber nicht ihre Wirklichkeit.[70]

---

[65] Ebd., Bl. 20–22, S. 69–71.

[66] Schütz: Das Mysterium der Geschichte (Anm. 25), hier zitiert nach ders.: Das Mysterium der Geschichte. Von der Anwesenheit des Heilenden in der Zeit (Gesammelte Werke 2). Hamburg 1963, 113–352. Das ursprüngliche Manuskript befindet sich in: StA HH, 622-1 Familie Paul Schütz, 46).

[67] Ebd., 198f.

[68] Ebd., 208.

[69] Ebd., 209.

[70] Ebd., 210. Das Zitat ist im Text hervorgehoben.

Zur Kreuzigung Christi heißt es weiter:

> „Kaiphas war aus Willen schuldig, Pilatus aus Unterlassung. Der Jude hatte den Willen, der Heide die dumpf gewährende Kraft. ‚Messianismus' – der Name spricht es aus, daß hier der Jude noch die Führung hat, wie unsichtbar auch immer. Er spricht es aus, daß hier die Religion am Werke ist, und zwar die Religion, die zugleich Politik ist."[71]

Schütz formuliert aber auch an einer Stelle: „Jesus Christus ist der politischen Religion der Juden *und* der Heiden gemeinsam zum Opfer gefallen."[72] Zum „politischen Messianismus der Juden" trete „der mammonische Messianismus der Heiden" hinzu, sie „verbinden sich in ihm zu jenem neuen, unteilbaren Element des totalen Messianismus ‚anti Christum'".[73]

In seinem wenige Jahre später, 1940, in zwei Auflagen publizierten und später im ersten Band der Gesammelten Werke nachgedruckten Buch *Das Evangelium. Dem Menschen unserer Zeit dargestellt* formulierte Paul Schütz aber pointiert: „Christus weissagt das Judentum als den Hauptfeind seiner künftigen Gemeinde."[74]

Fasst man zusammen, so ist das Bild des Judentums, das Schütz im Kontext seiner Ausführungen zur politischen Religion zeichnet, alles andere als positiv, es wird ausschließlich zum dualistischen Gegenüber, ja Gegner des Christentums. Ob er in seiner Darstellung das historische Judentum vor Augen hat, ist fraglich. Doch selbst wenn man vermuten würde, dass Schütz typologisch argumentiert, so macht er das doch nirgends deutlich und stellt das Judentum in einen historischen Kontext. In dem Manuskript argumentiert Schütz durchweg historisch, sodass seine Aussagen über das Judentum noch dazu mit den Pauschalisierungen und zeitgenössischen Termini auch historisch zu interpretieren sind. Auch in seiner Bearbeitung 1975 hat Schütz seine Formulierungen nicht modifiziert oder in den Kontext der Entstehungszeit gestellt, vielmehr ohne Abstriche nachhaltig bestätigt.

---

[71] Ebd., 204f.

[72] Ebd., 211.

[73] Ebd., 215.

[74] Hier zitiert nach der Werkausgabe: Paul Schütz: Evangelium. Sprache und Wirklichkeit der Bibel in der Gegenwart (Gesammelte Werke 1). Hamburg 1966, 411. Die Seitenüberschrift lautet: „Jerusalem! Die du tötest die Propheten!".

4.4 Die politische Religion und ihre historische Entwicklung

Paul Schütz hat pointiert formuliert, dass Religion politisch wird, „in dem Augenblick, wo der Mensch als ‚Erwählter' diese Setzung von sich aus vollzieht".[75] Die Dialektik der politischen Religion sei, dass sie einen wolle, tatsächlich jedoch aber gerade dadurch spalte. In der Formel „Ein Volk – Ein Gott" trage die Kreatur den Anspruch auf Gott selbst vor.[76] Er unterscheidet in diesem Zusammenhang im Alten Testament zwischen Volk der Juden und Volk Israel:

> „Israel heißt Gottes-Kämpfer. Hier ist die Freiheit noch in Kraft zwischen beiden, zwischen dem freien Volk und dem freien Gott. Das Volk kämpft mit Gott und Gott kämpft mit dem Volk. Hier ist noch die Wahrheit der Unterscheidung gegenüber der Lüge der Einheit in Kraft. Gott kämpft durch die Propheten mit dem Volk."[77]

Christus behaupte auch „für sich den Königscharakter. Sein Reich aber sei nicht von dieser Welt. Es werde aber kommen. Es werde kommen mit ihm einst in den Wolken des Himmels. Damit war das Grundgesetz der völkischen Gottesherrschaft verneint. Volk ist Erde und sein Reich von dieser Welt."[78] Nunmehr gebe es – wie ebenfalls bereits zitiert – „nur noch Christusverwerfer und Christusgläubige in der Welt. Es gibt fortan nur noch Juden und Judengenossen in der Welt – oder Christen."[79] Allerdings werde auch die Christenheit gespalten:

> „Die Dialektik der politischen Religion hat nämlich die diabolische Wirkung bei sich, daß sie das Christentum selbst aufspaltet und den Christen zum Verfolger des Christen verflucht. Es wird der politische ‚Christ' zum Verfolger des bekennenden Christen. Damit endet der dialektische Selbstvernichtungszwang."[80]

---

[75] Schütz: Die politische Religion (Anm. 1), Bl. 14, S. 65.

[76] Ebd., Bl. 16, S. 66.

[77] Ebd., Bl. 18, S. 67.

[78] Vgl. S. 35f.

[79] Schütz: Die politische Religion (Anm. 1), Bl. 22, S. 71.

[80] Ebd., Bl. 31, S. 79.

Paul Schütz geht in seinem Manuskript dann durch ausgewählte Bereiche der Geschichte, um dieses Grundverständnis weiter zu verdeutlichen; sie können hier nur angedeutet werden. Er beginnt mit dem Urchristentum, das dem römischen Herrscher die göttliche Ehrung verweigere. Die römische Staatsreligion sei politische Religion, daher sei Jesus Christus „der politischen Religion der Juden *und* der Heiden gemeinsam zum Opfer gefallen.“[81] Im Weiteren sieht Schütz Englands Volk als das Volk, das den Anspruch erhebe, „das auserwählte Volk des *neuen* Bundes zu sein“.[82] Auch der Anglikanismus sei „eine Gestalt der politischen Religion“.[83] Ebenso kritisiert er Frankreich: „Die Kraft der Rückbiegung der Verheißungen in das Irdisch-Politische ist im französischen Volk von besonders zäher Folgetreue. Frankreich bleibt das klassische Land des Positivismus, des Rationalismus, der Humanität, der Civilisation, des Laicismus.“[84] Frankreich habe durch die Revolution von 1789 das „politische Zeitalter“ heraufgeführt, was zur „Einweltung, der Verdiesseitung, und schließlich der Ausscheidung des Christentums aus dem Geschichtsgang“ geführt habe.[85] Der Atheismus als Weltanschauung entstehe „gleichsam als Stück der Menschenwürde und des Menschenrechts.“[86] Schütz bezeichnete Gewissensfreiheit als „säkularisierte Glaubensfreiheit“, als „ein ins Weltläufige zurückgefallenes Zersetzungsprodukt des christlichen Glaubens“. „Die Gewissensfreiheit ist das Dogma der politischen Religion in ihrer liberalen Ausprägung. Sie ist ein Vorprodukt des Nihilismus.“[87] Die Ideen von 1789 seien zur Theologie geworden.[88] Die Kritik an der Französischen Revolution und den damit verbundenen Ideen ist ein Grundtopos der Konservativen Revolution, auf die Schütz sich direkt bezieht.[89]

---

[81] Ebd., Bl. 23, S. 72; Hervorhebung im Original.

[82] Ebd., Bl. 25, S. 74; Hervorhebung im Original.

[83] Ebd., Bl. 27, S. 75.

[84] Ebd., Bl. 27f, S. 76.

[85] Ebd., Bl. 28, S. 76.

[86] Ebd., Bl. 31, S. 79.

[87] Ebd., Bl. 42, S. 89.

[88] Ebd., Bl. 17, S. 67.

[89] Ebd., Bl. 34, S. 81f.

Aufgrund ihres politischen Charakters sei für die politische Religion die Gewaltanwendung wesentlich. Ihr Sinn sei die Zwangseinheit der Gemeinschaft „,Ein Volk – Ein Gott'! ,Ein Reich – Eine Kirche'!":[90]

> „Ist die Zwangs-Einheit der gottmenschlichen Gemeinschaft also der Sinn der politischen Religion, so ist die Inanspruchnahme der politischen Gewalt durch die Kirche und die Inanspruchnahme der Kirche durch die politische Gewalt notwendig, natürlich und rechtens unter dem Bogen dieser Einheit. Nun aber besteht diese Einheit nicht mehr, seitdem sich das jüdische Volk zu seinem Abgott und gegen den Gott Himmels und der Erde gewandt und Christus gekreuzigt hat."[91]

Eine positive Rolle nehmen bei Schütz die Protestanten ein:

> „Ja, die starke Abneigung gegen alles ,katholische' wurzelt bei uns evangelischen Deutschen in der Abneigung gegen die politische Religion. Politik auf der Kanzel wird noch weithin bei uns mit dem feinsten Sensorium empfunden und verpönt."[92]

> „Jeder Versuch, vom politischen Wesen auf das Evangelium zu schlußfolgern, führt zu Konstruktionen, die mit der Realität der Dinge nichts mehr zu tun haben. Es führt aus der heidnischen wie aus der jüdischen Welt kein menschlicher Weg in den Gottes-Staat der christlichen Verheißung."[93]

Überwunden werden könne die politische Religion nur durch den Glauben:

> „War die politische Religion die vermessene Überschreitung jener Grenze, so ist der Glaube die Macht, die sie öffnet. Daher geschieht es, daß gerade in jener Gestalt des Christentums, die protestantisch heißt, das sola fide den Schwerpunkt des christlichen Lebens enthält. Denn der Glaube ist nichts anderes als der auf Erden gegenwärtige Gott selbst."[94]

---

[90] Ebd., Bl. 39, S. 86.

[91] Ebd., Bl. 41, S. 88.

[92] Ebd., Bl. 48, S. 116.

[93] Ebd., Bl. 52, S. 97.

[94] Ebd., Bl. 55, S. 99.

„Die Ordnung, unter die das Evangelium ein Volk und seinen Staat vor Gott stellt, ist die Ordnung der Freiheit, die Wagnis ist; nicht aber der Knechtschaft, die Sicherheit bietet und um die es sich verlohnte. Denn der Gott des Evangeliums ist der lebendige Gott. Darum schließt es das Wesen des Christentums aus, daß der Mensch sich Gottes durch seine klug berechneten Konstruktionen bemächtige.“[95]

Der Ausschluss des Lohngedankens gehöre „entscheidend zum Wesen des Evangeliums“.[96] Somit sieht Schütz im protestantischen Christentum die Antwort auf die von ihm aufgeworfene Frage der Überwindung der politischen Religion.

5 Kritische Anmerkungen zum Konzept von Paul Schütz

Grundsätzlich gibt Paul Schütz in seinem Manuskript zur politischen Religion fast überhaupt keine Belege an. Mit einer noch zu nennenden Ausnahme werden weder ähnliche Denkansätze benannt, noch erwähnt er, auf welchen Werken zum Beispiel seine Aussagen zur geschichtlichen Entwicklung basieren. Dadurch kann nicht geprüft – und auch nur schwer kritisiert – werden, wie er zu seinem Geschichtsbild gelangt ist. Das ist nicht nur methodisch, sondern gerade angesichts der zentralen Bedeutung der Historie für seinen Ansatz sehr problematisch. Man bedenke: Schütz zog Anfang der Zwanzigerjahre sogar eine Habilitation im Fach Geschichte in Erwägung.

Schütz begründet auch nicht, warum er welche Epochen und Länder einbezieht und viele andere nicht. Warum lässt er seinen Ansatz erst mit der Zeit Christi beginnen, warum fragt er nicht – wie zum Beispiel Eric Voegelin – für die Zeit vor Christi Geburt nach politischer Religion? Liegt die Wurzel dieses Ansatzes wirklich im Judentum dieser Zeit? Dadurch gewinnt sein Konzept eine scheinbare Stringenz, obwohl überhaupt nicht klar – und auch nicht wahrscheinlich – ist, ob der Gang der Geschichte weltweit nicht auch Widersprüche enthält, die seine Position widerlegen oder zumindest in ihrer Absolutheit infrage stellen.

95 Ebd., Bl. 57, S. 101.

96 Ebd., Bl. 58, S. 101.

Zugleich arbeitet Schütz durchgehend mit Pauschalisierungen, wie zum Beispiel den Formulierungen „der Jude“, „dem Russen“.[97] Er behauptet, dass „das jüdische Volk“ Christus gekreuzigt und die politische Religion begründet habe.[98] Er verzichtet auf jegliche Differenzierung und wendet grob vereinfachende Formulierungen an, mit denen Menschen eines Landes bestimmte Eigenschaften zugeschrieben werden. Dadurch arbeitet er mit Stereotypen, die generell dazu angetan sind, Vorurteile zu schüren und eine dichotomische Sichtweise zu fördern. Gerade im „Dritten Reich“ hat solches von der nationalsozialistischen Propaganda besonders geförderte Denken massiven Anteil an der Ausgrenzung und Vernichtung von Menschen gehabt.

Paul Schütz bekämpft die „politische Religion“, die er als Religion versteht. Durch die Kritik an den Ideen der Französischen Revolution – und damit wohl auch an dem Gedanken der politischen Gleichheit der Menschen, der Freiheit des Einzelnen und anderen liberalen und demokratischen Anschauungen – weist Schütz sich als Theologe im Kontext der Konservativen Revolution aus. Unter diesem Terminus werden in der Forschung Autoren zusammengefasst, die sich als Gegenbewegung zu bestimmten Elementen der Moderne verstanden. Arthur Moeller van den Bruck (1876–1925), auf den sich Schütz auch direkt bezog, gehörte zu den wichtigsten Protagonisten. Sie wollten die irrational-metaphysische Komponente des Menschen begreifen, ihn in eine neue Verbindung mit Gott und der Natur stellen. Sie bezogen sich vielfach auf eine Tradition, die allerdings erst in einem revolutionären Akt hergestellt werden musste. Zu konservieren galten ihnen eine ständisch geprägte Volksgemeinschaft, die Nation und die deutsche Reichsidee; wichtige Termini waren Kampf, Leben und Bewegung. Sie agierten gegen die parlamentarische Demokratie wie den politischen Liberalismus und strebten den Umsturz der bestehenden demokratischen Ordnung zugunsten antimoderner Utopien an. Ein extremer Nationalismus wurde hier mit der Glorifizierung des Militarismus verknüpft.[99] Explizit

[97] Ebd., Bl. 37, S. 84.

[98] Ebd., Bl. 41, S. 88.

[99] Stefan Breuer: Anatomie der Konservativen Revolution. Darmstadt 1993; Armin Mohler: Die Konservative Revolution in Deutschland 1918–1932. Ein Handbuch. 3., um einen Ergänzungsband erw. Aufl. Darmstadt 1989, 4. Aufl. Darmstadt 1994; Armin Pfahl-Traughber: „Konservative Revolution“ und „Neue Rechte“. Rechtsextremistische Intellektuelle gegen den demokratischen Verfassungsstaat. Opladen 1998.

schreibt Schütz in seinem Manuskript – und der Bezug auf das „Dritte Reich“ ist unverkennbar, persönlich und vor allem positiv –: „In einem leidenschaftlichen Ansturm haben wir den Bolschewismus als die gefährlichste, weil die entwickeltste Formation dieses neuen Weltprinzipes bei uns niedergeworfen.“[100] Paul Schütz handelte also aus einer bestimmten politischen Position heraus, die er selbst nicht weiter offenlegte und als unpolitisch begriff. Dadurch entzog er seine Anschauung jeglicher Kritik, obwohl er in seiner Theologie politisch wirkte.

Paul Schütz kritisierte vehement eine Verbindung von Theologie und Politik. Gleichzeitig hatten aber seine eigenen Veröffentlichungen politische Wirkungen, wie die Maßnahmen des nationalsozialistischen Staates gegen den *Anti-Christus* oder das Flugblatt *Was ist ein Christ* zeigen. Er verstand sich als unpolitisch, obwohl er es selbst nicht war und auch sein *Anti-Christus* durch und durch politische Aussagen enthielt. Schütz hatte Kontakte zu religiösen Sozialisten wie zu konservativen Theologen, zu Angehörigen der Bekennenden Kirche wie auch zu Deutschen Christen. Letztlich stand er – wie seine zitierten Aussagen deutlich machen – eher in Distanz zur (kirchen-)politischen „Linken“ und unterstützte die „Rechte“. Dies sah Paul Schütz selbst aber nicht als politisch an. So erscheint es, als sei Schütz ein Vertreter des in politisch konservativen Kreisen weit verbreiteten Topos der „Überparteilichkeit“: Er nahm für sich selbst in Anspruch, „über den Parteien“ zu stehen, unpolitisch zu sein, obwohl er tatsächlich konkrete, konservative Interessen vertrat und gerade jungkonservativen Kreisen nahestand. Auch sein Freundeskreis war eher national-konservativ geprägt, von dem religiösen Sozialisten Fritz Lieb hatte er sich deutlich distanziert.[101]

Auch vier Jahrzehnte später lehnte Paul Schütz die politische Religion vehement ab, wie seine Ergänzungen zeigen. Er modifizierte seine von der Konservativen Revolution geprägte Position und insbesondere sein Bild des Judentums offenbar nicht, auch nicht nach den offensichtlichen Konsequenzen des „Dritten Reiches“ und dem millionenfachen Mord an Juden.

---

[100] Schütz: Die politische Religion (Anm. 1), Bl. 62, S. 106.

[101] Vgl. Rainer Hering: „Parteien vergehen, aber das deutsche Volk muß weiterleben“. Die Ideologie der Überparteilichkeit als wichtiges Element der politischen Kultur im Kaiserreich und in der Weimarer Republik. In: Völkische Bewegung – Konservative Revolution – Nationalsozialismus. Aspekte einer politisierten Kultur. Hrsg. von Walter Schmitz und Clemens Vollnhals (Kultur und antidemokratische Politik in Deutschland 1; Kulturstudien 2). Dresden 2005, 33–43.

In einem handschriftlichen Nachtrag zum Manuskript „Die politische Religion“ ergänzte er 1975:

> „Ich stehe zu dieser These heute noch. Eher will ich Israel Unrecht tun, als zum Verräter an Jesus Christus werden. Nach Hitlers apokalyptischem Völkermord am jüdischen Volk entstand notwendiger Weise eine Überzeugungsströmung philosemitischen Charakters. Hitlers antisemitischem Psychoterror antwortete ein philosemitischer Psychoterror als genaues Spiegelbild, dialektisch bis hinein in den Gegensatz physisch-intellektuell. Beide Terrorformen sind antichristliche Endphaenomene der Geschichte.“[102]

Diese Gleichsetzung der nationalsozialistischen Judenverfolgung und -vernichtung mit einem von Schütz nach 1945 ausgemachten und als „Psychoterror“ charakterisierten Philosemitismus ist infam. Dadurch wird der Genozid verharmlost und relativiert, die millionenfache Ermordung von Menschen wird mit einer geistigen Strömung verglichen.[103]

Paul Schütz hat seine Position gegenüber den Juden vor allem im Jahr 1935 formuliert, dem Jahr der Verkündung der berüchtigten „Nürnberger Rassegesetze“.[104] Das war zwar vor dem Genozid, aber doch nach der beginnenden Entrechtung und Vertreibung von zu „Nichtariern“ erklärten und politisch anders denkenden Menschen; es war nach dem Verblassen der Anfangseuphorie gegenüber dem Nationalsozialismus, die vor allem im Jahr 1933 – trotz der zahlreichen Entlassungen und Verfolgungen, trotz des Boykotts jüdischer Geschäfte, trotz der Bücherverbrennungen und des Verbotes politischer Parteien – in weiten, gerade auch kirchlichen Kreisen verbreitet war. Auch drei Jahrzehnte nach dem Ende des Zweiten Weltkrieges erhielt Schütz seine Position so aufrecht.

Dass das Judentum, das Schütz so klar negativ charakterisierte, in seiner theologischen Auseinandersetzung keine prägende Stellung einnahm, wird

---

[102] Schütz: Die politische Religion (Anm. 1), Bl. 14, S. 116, handschriftlicher „Nachtrag 1975“, an die Seite angeklebt.

[103] Rainer Hering: Verwandelten die Alliierten Deutschland in ein einziges Konzentrationslager? Der Theologe Paul Schütz (1891–1985), das „Dritte Reich“ und der Umgang mit der deutschen Schuld im deutschen Protestantismus nach 1945. In: Kirchliche Zeitgeschichte 14 (2001), 222–236.

[104] Die Ausführungen in dem Aufsatz Messianismus (1947). In: Paul Schütz: Im Erblicken des Unschaubaren. Ausgewählte Vorträge und Aufsätze. Stuttgart 1960, 70–91, beruhen auch auf den 1935 formulierten Gedanken.

auch aus einem Brief deutlich, den er 1976 an den Verlagslektor und freien Schriftsteller Dr. Walter Strolz (* 1927) schrieb:

> „Die Entscheidungen sind für mich im ersten Weltkrieg und in Zusammenhang mit der russischen Revolution gefallen. Ich lernte von den Slawen und Russen. Ihre Entscheidungen fielen, wie mir scheint, im Zusammenhang mit den Nazierfahrungen [gestrichen: Nazierscheinungen, R. H.] und dem ungeheuerlichen Schicksal der Juden, denen jetzt Ihre Liebe gehört, wie die meine damals dem Slawentum.“[105]

Eine vorsichtige Andeutung einer Veränderung seiner Sichtweise – allerdings ohne jegliche Auseinandersetzung mit seiner früheren Position – findet sich in dem auf den 6. Dezember 1980 datierten Schlussbrief zur letzten Ausgabe seines Buches *Warum ich noch ein Christ bin*. Dort heißt es wörtlich:

> „Ich bin dem Volk Israel Dank schuldig, für den es kein Wort gibt noch geben wird, solang es noch Geschichte auf diesem rätselhaften Stern Erde gibt. Zur Verwirklichung dieses Selbstopfers Gottes in der Geschichte mußte das Volk Israel herhalten. Das ist sein Sinn, das ist seine Erwählung: Das Kreuz ist die Verwirklichung des Mysteriums der Geschichte, dessen Logik nur die Auferstehung des Geopferten sein kann.“[106]

Selbst wenn man einer theologischen Sprache eine besondere Stellung zuerkennen will und Paul Schütz sich in einem theologischen Diskurs befand, so kann man die von Schütz gebrauchte Wortwahl doch nicht von dem zeitgeschichtlichen Hintergrund der Entstehung seiner Texte trennen. Liest man seine Aussagen im politischen Kontext des „Dritten Reiches“, so finden sich Anklänge an gängige judenfeindliche Stereotypen: Generell finden

---

[105] StA HH, 622-1 Familie Paul Schütz, 6, Schütz an Strolz 20.11.1976, bezogen auf Strolz an Schütz 13.11.1976; Strolz publizierte über Schütz: Walter Strolz: Geprüfte Hoffnung – angefochtener Glaube – bei Ernst Bloch und Paul Schütz. In: Vor dem Schweigenden Gott. Der Mensch in der Anfechtung des Glaubens. Vorträge der Katholischen Akademie der Erzdiözese Freiburg. Freiburg i. Br. 1977, 17–42; ders.: Denker der Hoffnung. Ernst Bloch und Paul Schütz. In: Frankfurter Hefte 33 (1978), 49–62.

[106] Paul Schütz: Warum ich noch ein Christ bin (Edition Spiritualität). Augsburg 1996, 235f. In seinen letzten Lebensjahren soll Schütz seine Haltung zum Judentum bereut haben (Gespräch mit Horst-Klaus Hofmann und Rudolf Kremers am 24.2.2006 in Marburg/Lahn). Dieses Zitat könnte der Hinweis auf eine doch noch erfolgte Veränderung seiner Haltung sein.

sich auch nach 1945 Verallgemeinerungen durch die undifferenzierten Bezeichnungen „der Jude“[107], „das Judentum“[108] – als ob es nur einen einzigen monolithischen Block gäbe. Im Zusammenhang mit dem Judentum wird von der „Verführungsmacht“[109] gesprochen. Auch den Terminus „Zersetzungskraft“ benutzt Schütz ohne Distanzierung.[110] Das Bild von „den Juden“ als Verführern, die die Arier bedrohen und „zersetzen“ wollen, taucht in antisemitischen Aussagen häufig auf. Der Begriff „völkisch“ wird oft in den genannten Textstellen gebraucht, sogar vom „Haus- und Blutsgott des völkischen Ghettos“ ist die Rede. Hat Schütz diese Lesart seiner Texte im zeitgenössischen Kontext ihrer Entstehung nicht gesehen oder hat er sie stillschweigend akzeptiert oder gar bewusst gefördert? Hat er die Sprache seiner Zeit und ihre Mitte der Dreißigerjahre schon erkennbaren physischen Konsequenzen für politisch und „rassisch“ Verfolgte nicht gesehen oder sehen wollen? Und ganz offensichtlich hat er auch Mitte der Siebzigerjahre keine Distanz zu seinem so formulierten Manuskript aus den Dreißigerjahren eingenommen.

6 Zusammenfassung

Mit dem Terminus politische Religion bezeichnete Paul Schütz diejenigen Ansätze, in denen sich der Mensch selbst zum Erwählten mache und das Paradies im Diesseits, in weltlichen Ordnungen realisieren wolle. Der Mensch mache sich zum Maß aller Dinge, nehme hier die Position Gottes ein, sage sich von ihm los und erstrebe die Erlösung auf Erden. Damit aber werde Gott geleugnet. Politik werde so zur Religion.

Paul Schütz war stark in der Ideenwelt der Konservativen Revolution verwurzelt. Er war ein konservativer, nationalistisch geprägter Theologe. In

---

[107] Zum Beispiel Schütz: Das Mysterium der Geschichte (Anm. 25), hier zitiert nach ders.: Das Mysterium der Geschichte. Von der Anwesenheit des Heilenden in der Zeit (Gesammelte Werke 2). Hamburg 1963, 113–352, 204f.

[108] Ebd., 199, 208.

[109] Ebd., 198. 1976 sah Schütz in einem Brief über Römer 8 undifferenziert als „Verursacher der Sünde die jüdische theokratische Gesetzesreligion“ (Schütz an Hans Bürki 15.9.1976; ich danke Herrn Horst-Klaus Hofmann dafür, dass er mir eine Kopie dieses Schreibens zur Verfügung gestellt hat).

[110] Schütz: Die politische Religion (Anm. 1), Bl. 17, S. 67.

seiner Sicht des Judentums verbindet er zwei Sichtweisen des konservativen Spektrums: Antijudaismus und die Vorstellung einer vom Judentum begründeten politischen Religion. Seine Auseinandersetzung mit politischer Religion und Judentum findet insbesondere Mitte der Dreißigerjahre statt. Sie ist zwar eine theologische Position, doch lassen ihre Formulierungen auch eine politische Lesart im damaligen Kontext zu. Seine eigene, von ihm selbst nicht reflektierte politische Prägung und Position wird hier vor allem sprachlich deutlich. Schütz warnt vor einer „politischen Religion", doch ist er auch selbst politisch und nimmt einen spezifisch politischen Standpunkt ein, obwohl er für sich selbst eine quasi apolitische, überparteiliche Haltung postuliert. Hier zeigt sich der im Konservatismus oft gebrauchte Topos der „Überparteilichkeit", der eine eigene politische Position und konkrete eigene Interessen verschleiern sollte, um sie als allgemeine, „überparteiliche" leichter realisierbar werden zu lassen. Deutlich wird: Paul Schütz ist als politischer Analytiker bedenklich, da er die demokratische Kurswende lange noch nicht vollzogen hat. Auch methodisch entspricht seine Vorgehensweise nicht wissenschaftlichen Standards. Aber als theologischer Kritiker hat er einen wichtigen Platz in der Abwehr der Idolatrie.

Forschungsgeschichtlich bedeutsam ist Paul Schütz als einer der ersten, die sich zur politischen Religion geäußert haben. Er tritt damit zeitlich vor die bislang als Urheber geltenden Theoretiker Eric Voegelin und Raymond Aron. Interessant ist, dass es in der Theologie und spezifisch im missionswissenschaftlichen Kontext, in dem auch Paul Schütz stand, schon seit dem Ende der Zwanzigerjahre bzw. in den frühen Dreißigerjahren einen Diskurs über die politische Religion gab, bevor er im politologisch-soziologisch-historischen Kontext geführt wurde.

7 Anmerkungen zur Edition

Die von Paul Schütz im Jahr 1935 erarbeitete Konzeption liegt weitgehend maschinenschriftlich in einer handschriftlich überarbeiteten Fassung vor. 1975 hat er sie noch einmal durchgesehen und inhaltlich in einem Vermerk bekräftigt. Im Abschnitt „Die Überwindung der politischen Religion" fehlt das zweite Unterkapitel. Im Nachlass sind mit diesem Typoskript zwei kurze Texte verbunden, die hier ebenfalls erstmals publiziert werden: „Das hugenottische Zeichen im deutschen Raum"; „Der protestantische Mensch und der preußische Staatsgedanke". Der Beitrag „Das hugenottische Zeichen im deutschen Raum" ist handschriftlich verfasst.

Die Rechtschreibung wurde beibehalten, offensichtliche Schreibfehler, wie zum Beispiel „Ludendorf" statt „Ludendorff", jedoch stillschweigend korrigiert. Die Unterstreichungen bzw. Sperrungen im Original wurden durch kursive Schrift kenntlich gemacht. Die wenigen Anmerkungen von Paul Schütz wurden in Endnoten umgewandelt. Die textkritischen Anmerkungen des Herausgebers sind als Fußnoten verfasst.

Paul Schütz
(1891–1985)

Die politische Religion

Eine Untersuchung über den Ursprung des Verfalls in der Geschichte[a]

Paul Schütz

Inhalt

[a] Handschriftliche Anm.: Ungedruckt! verfaßt um 1935, nach dem „Anti-Christus“, vor dem „Mysterium der Geschichte“. 29.5.75 PS.

[b] Handschriftlich ergänzt: Anhang … Staatsgedanke.

Vorbemerkung[a]

Die Frage nach dem Ursprungsgeheimnis des christlichen Glaubens war für mich angesichts der radikalen Krisis des Christentums zentral. Ich stieß dabei – wie unausweichlich – immer wieder auf das Phänomen der politisch motivierenden Religion. Der Glaube der christlichen Martyrer der ersten Zeit ist charakteristisch durch das Fehlen jeder politischen Aktion. Er ist Passion. Er ist politisch lediglich im Sinne der Verweigerung: Die Martyrer verweigerten das Trankopfer dem divus Caesar. Zum Ursprungsgeheimnis gehört die Verweigerung der Anerkennung des absoluten Menschen. Nur in diesem negativen Sinn ist[b] der christliche Glaube politisch: In Widerspruch und Widerstand vom Gegenbilde her. Er setzt das Leiden[c] in sein Erstgeburtsrecht wieder ein. Nichts braucht die Welt des absoluten Menschen dringender als dieses bittere Heilkraut.

1975 PS

---

[a] Handschriftlich ergänzt: Vorbemerkung … PS.

[b] Gestrichen: wird.

[c] Gestrichen: wieder.

Die wahre Erkenntnis der Geschichte

An keinem Gegenstand erweist sich die Unzulänglichkeit des abendländischen Denkens der neueren Zeit so restlos, wie an jenem Gegenstande, den wir Geschichte nennen. Man wandert vergeblich durch die großen Systeme unserer klassischen Philosophie in der Hoffnung, auch nur einen Begriff zu finden, der dem Genüge täte, was dieses Geschlecht an Geschichte seit dem Beginn des Weltkrieges erlebte. Es hat den genialen Versuchen einer Geschichts*bemächtigung* durch die denkende Vernunft gegenüber nur noch den Erklärungsversuch, daß jene Denker, Hegel an der Spitze, etwas ganz anderes zum Gegenstand ihres Erkennens gehabt haben, als das, was ihm als seine geschichtliche Existenz aufgegeben ist. Es muß ein merkwürdig harmloses, domestikes, simples Wesen gewesen sein, das sich logisieren, systematisieren und schließlich derigieren[a] ließ. Das auf jeden Fall einen „Sinn" hatte und wenn nicht, sich eine „Sinngebung" gefallen ließ. Dieses Geschlecht, durch den Krieg zu[b] harter Wirklichkeitserkennung hundertfach erzogen, ist geneigt in diesem Wesen das *Wunschreich* zu erkennen, das die schöpferische Vernunft sich schuf als Raum der Selbstentfaltung ihres Willens zur Macht. Da sie selbst der „Grund"[c] dieses Reiches ist, sie selbst, die Vernunft, der Geist, die Idee, so fehlen jenseits ihrer anspruchsvollen Gedanklichkeit alle *wirklichen* Gründe. Nach diesen Gründen der Geschichte aber fragen wir heute wieder. Und zwar nicht nach ihren *Denk*gründen, sondern nach den Gründen im angeschauten Ursinn: nach den Hintergründen, den Untergründen, den Abgründen der Geschichte. Denn wie überall, so entspringen auch in der Geschichte die Quellen aus den Gründen. Aus diesen Gründen herauf steigt unaufhörlich das Jenseitige auf und zwar als grenzenlose, unberechenbare selbstmächtige *Macht*. Hier haben wir freilich als Erkennende nicht mehr so leichtes Spiel wie der spekulative Genius in der Schöpfung seiner Wunschwelten. Hier wird das Denken wieder zum echten Kampf. Denn der Geschichtsraum des Menschen ist in seiner dämonischen Freiheit wieder erkannt. Nicht um die „Bildung" einer Welt-„Anschauung" handelt es sich hier mehr. Es handelt sich um eine *Durch*schauung des Seins selber. Um eine Durchschauung, denn das Sich-

[a] Gestrichen: nach allen Seiten durchschauen; handschriftlich ergänzt: und schließlich derigieren.

[b] Gestrichen: einem.

[c] Gestrichen: all.

Verbergen gehört zum Wesen des Dämonischen – je vollendeter die Kunst der Tarnung, desto gefährlicher das wirkende Daimonion. Gefährlicher – denn die Kunst der Tarnung vollendet sich in der Meisterschaft der Lüge.[a]

Der frühe Mensch, im Besitz der Sichtigkeit, d. i. der einwohnenden Gabe des Durchschauens, schuf den Dämonen ihre Maske. Sie sind erschütternd durch die Kraft, mit der sie enthüllen, was sie verdecken. Sie sind De-Maskierungen, die im Enthüllen zugleich auch bannen.[b] Der späte Mensch[c] ist schon so blind, daß er den dämonischen Zug der Geschichte überhaupt nicht mehr erkennt, geschweige denn die Maske ihm zu bilden[d] vermöchte, die ihn enthüllt. In seiner Blindheit ist er wie geschaffen zur Behausung der Dämonen. Sein vermessenes Selbstgefühl, mit der zunehmenden Enge seiner ausschließlichen Diesseitigkeit unaufhörlich wachsend, macht ihn zum gegebenen Opfer der Besessenheit. Durch Leugnung der jenseitigen Welt bar jeder ewigen Norm hat sich seine hoffärtige Beschränktheit haltlos und wehrlos dem unerkennbar gewordenen Bösen[e] ausgeliefert.

So geht es seinem Geschlecht, das die eine, ewige, unanrührbare Wahrheit leugnet. Dem Fuchs, der die allzu hohen Trauben sauer schilt, hilft dieser Selbstbetrug nicht vom Durste. Dem Menschen, der die Wahrheit verachtet, weil sie der Tagesweisheit gefährlich ist und nicht ohne Einsatz des Lebens gewonnen wird, hilft dieser Haken, den er schlägt, nicht von den Hunden.

1.

Die Wahrheit, von der hier geredet wird, ist die eine, ewige Wahrheit. Ist die geoffenbarte Wahrheit. Auf dem Schlachtfeld der wirklichen Welt kann sich keine andere Wahrheit halten. Nur ihr haftet jener radikale Entscheidungscharakter an. Nur sie wird mit Einsatz der seelischen d. i. der totalen Existenz umworben.

---

[a] Gestrichen: Da die Daimonion ohne Leib sind, bedürfen sie zur Erscheinung der Leiber. Das Kleid der fremden Leiber wird über ihnen zur Maske. Der Besessene ist die Maske des Dämons.

[b] Handschriftlich ergänzt: Sie … bannen.

[c] Gestrichen: der modernen Dekadenz.

[d] Gestrichen: verpassen; handschriftlich ergänzt: bilden.

[e] Gestrichen: Chaos; handschriftlich ergänzt: unerkennbar gewordenen Bösen.

Die *humanistische Wahrheits-„idee"* ist dahingesunken. Es gibt keine „wissenschaftliche" Wahrheit mehr. Als wir im Weltkrieg selber zu Trägern der Geschichte wurden, selber Geschichte leiblich waren, dämmerte es uns, daß alles, was wir hier durchlebten, ohne das ebenbürtige Wort sei[a], daß es in keiner Weise mitteilbar sei, weder an die daheim, noch gar an die nach uns. Es dämmerte uns, daß es überhaupt keine Geschicht-„Schreibung" geben könne; daß man das Geschehene überhaupt nicht „schreiben" könne, und daß das Geschehene „geschrieben" ein anderes geworden sei: daß es[b] den Charakter der Wahrheit verloren habe. Wir machten die Erfahrung, die der Mensch unter dem Schicksalschlage dem Unbeteiligten in die schlichten Worte zu fassen[c] pflegt: „Was das heißt, weiß nur, der es selber durch hat." Als Teilhaber an der geschichtlichen Wirklichkeit selbst machten wir die Erfahrung, wie das „Selber-drin-stecken" den Menschen scheidet von allen „draussen". Wie nichts einsamer macht als im Kampf restlos ergreifende Gegenwart. Brückenlos geschieden von Vergangenheit und Zukunft, gleicht solche Gegenwart[d] einer Kugel, die – alles in ihr Kreisen hineinschlingend – auf[e] ihrer Achse steht, senkrecht[f] zwischen Himmel oben und Hölle unten. Nur einem wird es gegeben sein, wieder miterlebender Entdecker vergangenen Kampfes zu sein: dem schicksalverwandten künftigen Geschlecht, das im Kampf, wie wir, mit seinem Blut, wie wir, die Antwort einst wird schreiben müssen, die nur so geschrieben werden kann.

Hier hat das Erlebnis der Einsamkeit des Frontsoldaten seinen Grund, der wie von einem fremden Stern in die mütterliche Heimat zurückkehrte. Ja, er selbst wird jenem Geschehen fremd, wenn der Strom der Zeit ihn heraustrรägt aus jenen Katarakten, die dann nur fern noch dem Gedenkenden[g] vertosen[h]. Selbst ihm bringt der genaueste Buchstabe einst glühende Gegenwart nicht mehr zurück. Wie exakt auch immer die Technik historischer Quellenforschung arbeitet, wie nah auch immer sie durch das Quantitäts-

---

[a] Gestrichen: nur uns allein gehöre; handschriftlich ergänzt: ohne … sei.

[b] Gestrichen: und damit; handschriftlich ergänzt: daß es.

[c] Gestrichen: zu.

[d] Gestrichen: sie; handschriftlich ergänzt: solche Gegenwart.

[e] Gestrichen: der Senkrechten.

[f] Gestrichen: direkt; handschriftlich ergänzt: senkrecht.

[g] Handschriftlich ergänzt: dem Gedenkenden.

[h] Gestrichen: in der Erinnerung.

prinzip der Vollständigkeit des Materials an die „Sache selbst" heranzukommen meint – ihre Schreibung wird niemals das Geschehen selbst. Ihre Rekonstruktion bleibt eine Konstruktion. Sie[a] wirkt im günstigsten Fall ein Spiegelbild auf den Hohlflächen des Bewußtseins. Das Geschehene wird im „Gedächtnis" zum Gedachten. Und wie ehrfürchtig auch immer das Gedächtnis sei, dem Auge, das in der phrasenlosen Härte des Kampfes nackt geworden war, konnte das so Gedachte nie mehr als *wahr* erscheinen. Das Geschichtswissen ist ein Wissen um einen Gegenstand, den es nicht mehr gibt. Die Geschichtswahrheit aber ist eine Wahrheit, die davon lebt, daß die ihr zugehörende Wirklichkeit je stets entschwunden ist. Mit anderen Worten – sie ist ein geraubter, untergeschobener und verheimlichter „Glaube".

Woher stammte der Anspruch der historischen Wissenschaften auf Wahrheit? Woher hatten sie Norm und Grund solchen Anspruchs? Nur eine ewige Norm und ein ewiger Grund konnten solchen Anspruch gründen. Wir empfingen keine Antwort, die im Angesicht des von uns durchkämpften und durchlittenen Geschichtsgeheimnisses hätte bestehen können. Denn solche Norm und solchen Grund hat nur der Glaube. Den aber empfängt[b] er immer neu als Kampfpreis[c] der einen, der geoffenbarten Wahrheit.

Dann aber, zuhause wieder angelangt, sahen wir, daß sich Geschichte tatsächlich konstruieren läßt. Die hinter uns liegende Geschichtserfahrung „Krieg" schrie geradezu nach einem Sinn. Und die „Geschichte" läßt sich tatsächlich einen Sinn unterschieben, ein Ziel vorschreiben! Sie, die „Geschichte", die im Bewußtsein ihr Schattenreich aufrichtet, die als Gedachtheit im Gedächtnis fortlebt, die wir Erztechniker konstruiert haben! Wir begannen jetzt zu ahnen, daß die „geschichtliche Wahrheit" die heimliche Propaganda einer Tendenz sei. Zum Beispiel des herrschenden Zeitgeistes und seines politischen Herrschaftswillens. Wir sahen vor unserem Auge, daß sich die Geschichte, ja die von uns selbst erlebte, tatsächlich über den Leisten schlagen lasse, den man ihr unterschob. Es war damals die ökonomische Idee der materialistischen Geschichtsauffassung.[d] So wurden wir

---

[a] Handschriftlich ergänzt: Sie.

[b] Gestrichen: ernennt; maschinenschriftlich ergänzt: empfängt.

[c] Gestrichen: Geschenk; maschinenschriftlich ergänzt: Kampfpreis.

[d] Gestrichen: damals die ökonomische Idee des Marxismus.

inne, daß die geschichtliche Wahrheit nur eine Zweckwahrheit sei[a], der je nach Maßgabe des geltenden „höchsten Zweckes" ein grundverschiedener „Sinn" aufs Etikette gesetzt werden kann.

War nun aber die geschichtliche Wahrheit schon vor dem Weltkrieg eine nicht mehr ganz eindeutige Sache, so hielt sich der *naturwissenschaftliche Wahrheitsbegriff* bis an die Schwelle unserer Tage. Darf man den lebendigsten Geistern unter den Naturforschern Glauben schenken, so ist[b] mit dem Kardinalgesetz der Verkettung von Ursache und Wirkung auch der naturwissenschaftliche Wahrheitsbegriff im Fundament erschüttert und zwar ohne daß heute eine Überwindung dieser Krise sich im Gesichtsfeld zeigt.[c] Auch die naturwissenschaftliche Wahrheit ist erkannt als bloße Zweckwahrheit. Bezweckte die geschichtliche Wahrheit die politische Bemächtigung der Menschenseele, so die naturwissenschaftliche Wahrheit die technische Bemächtigung der Naturkraft. Der humanistische Wahrheitsbegriff hat sein Recht lediglich als ideologisches Kalkül im Machtsystem diesseitiger Zwecke.[d] Die Wahrheit kann nur Eine sein. Und diese Eine Wahrheit ist ewige Wahrheit. Oder sie ist überhaupt nicht. So bleibt die Wahrheit dort, wo sie stand im Anfang: *Sie bleibt bei der Offenbarung. Es gibt nur geoffenbarte Wahrheit.*

Diese Wahrheit aber offenbart nicht die Werte. Sie offenbart die Wirklichkeit. Sie ist zu aller Zeit unzeitgemäß und dem sanftlebenden Fleische eine innig verhaßte Zucht. Denn ihre Erkenntnis beginnt mit der Erkenntnis des Un-Werts, des Bösen und des Todes.

---

[a] Handschriftlich ergänzt: sei.

[b] Gestrichen: es.

[c] Gestrichen: Der Philosoph hat aber sich am schnellsten auf sein Grundanliegen besonnen. Er hat sich von den schwärmerischen Wahrheiten eines angeblich universalen Geistes ernüchtert und sich bieder zur alten *Weisheit* zurückgefunden. War seine Disziplin einst die „Magd der Theologie", so ist sie heute Diener der politischen Gemeinschaft, die sie als höchsten irdischen Wert lehrt. Denn Weisheitslehre ist Lehre vom höchsten Lebenswerte. So hat der Sturm der Wende die alte Grundordnung der Dinge wieder bloßgelegt.

[d] Handschriftlich ergänzt: Auch … Zwecke.

2.

[a]Das durchschauende Denken erkennt den Un-Wert. Es muß ihn feststellen oder wegsehen von dem, was wirklich ist. Denn es ist echte Forschung, der nur die Wahrheit gilt. Die Kreatur aber will leben. Ihr Wille zum Leben verneint den Unwert, weil er ihr das Leben zerstört. Sie will den Wert. Dieser Wille aber ist blind. Sonst würde er sehen, daß jeder Wert schon im Begriff ist, vom Unwert zerstört zu werden. Der Wille zum Leben in uns will nicht „wahr" haben, daß das Leben so ist, wie es ist. Selbst blind und ohne die Hellsichtigkeit des durchschauenden Auges, verkauft er sich an das Denken der schöpferischen Schau! Denn sie schafft das, was mangelt. Sie schafft das Wunschreich der reinen Werte.

Die Feigheit des Lebenswillens und die Trugkraft der schöpferischen Vernunft ist die eine Erschwerung der Durchschauung des Seins. Die andere aber ist diese. Das, was die schöpferische Vernunft schaut, ist ihr eigenes Bild. Ihr Denken heißt darum „Reflexion". Ihr Wunschreich ist der Spiegel, in dem sie sich selbst spiegelt. Die Ordnung der Werte, die sie in den Spiegel hineinprojiziert, entstammt ihr selbst, ist ihre eigene, gedachte, wirklichkeitsleere Ordnung. Die Würde, die dieser Ordnung innewohnt, die machtvolle Heischung nach Geltung empfängt sie[b] aus ihrem Ursprung. Sie ist Erinnerung an die Ordnung des verlorenen Paradieses. Erinnerung an den Ursprung und die Ahnung des Gottesreichs; ausgeschlossen aber aus der Gegenwart, bar der wahren Wirklichkeit des Jetzt und Hier! Wo also die Schau die Logik ihres Wunschreichs zwingend dartut, wo sie „Sinn" und „Ziel", „Organismus" und „Zusammenhang" in der geschichtlichen Entwicklung „schöpferisch" zu schauen vermag, da erkennt sich[c] das durchschauende Denken auf dem von Gefahr und Ungewissheit umlauerten Kampfpfad des in der Tiefe leibhafter Existenz ringenden Menschen. Da, wo die schöpferische Schau „ihr" Welt-„Bild" geschlossen „anschaut", verbleibt dem durchschauenden Denker nie mehr als die Spur des scheuesten Wildes. Er ist Forscher wieder im ersten Sinn des Wortes.

---

[a] Gestrichen: Bevor wir nach dem Zusammenhang von Nihilismus und politischer Religion forschen, ist auf zwei Erschwerungen hinzuweisen, die das durchschauende Denken im Unterschied zum schauenden Denken auf seinem Wege vorfindet.

[b] Gestrichen: diese Ordnung; handschriftlich ergänzt: sie.

[c] Gestrichen: ist; handschriftlich ergänzt: erkennt sich.

So stehen ihm entgegen die Weltbautechnik der schöpferischen Vernunft, verbündet mit dem Lebensdrang der Kreatur. Nichts hält ihn solchem Ansturm gegenüber, wenn nicht die Erde selbst ihn hält. Er setze daher seine Tritte kindlich auf die Erde[a] selbst; seine Tritte, von denen jeder Eine ihr gehört.

Denken wird heute wieder zum echten Kampf, zum Kampf mit dem „bösen[b] Geist", der eine Macht und der Genius der Lüge ist; die Wahrheit aber wird wieder eingesetzt zum königlichen Kampfpreis des Erkennenden.

Neben der Gabe der Verbergung ist den Dämonen die Gabe der Verwandlung verliehen. Die Plötzlichkeit, die Unberechenbarkeit ihres Wirkens hat hier den Grund. In ihrer Gefährlichkeit gleichen sie gewissen Säuren[c], die im flüssigen Zustand nur von begrenzter Zerstörungskraft sind, die dann[d] nämlich nur dort flecken, wo sie gerade hinkommen. Bringt man sie aber zum Verdunsten, so vergiften ihre Dämpfe alles, was sie atmet. Unsichtbar geworden und verwandelt werden sie erst zur wahren Gefahr.[e]

Da nicht im Leib gebunden, können sie sich den Seelen anverwandeln. Sie teilen den Weltäther der Seele und vermögen sich auf seiner Welle jedem Bezirk der seelischen Welt mitzuteilen. Und umgekehrt brechen sie mit schöpferischer Verwandlungskraft immer von neuem aus der Unangreifbarkeit hervor, die ihnen die Seele[f] gewährt, wird sie einmal von ihnen besessen gehalten. Alle Weisen des Seins stehen ihnen als tarnender Leib zur Verfügung, vom Terroristen bis hin zum rebellierenden Priester.[g]

Auch der Anti-Christus ist ein Christus! Auch die politische Religion ist Religion! Es war einer von den heiligen Zwölfen, der den Heiland verriet. Es war das Gottesvolk, das Gott kreuzigte.[h] Nicht die Idee ist der Sinn. Die Sache selbst ist der Sinn. Hier gilt keine Deutung. Das Geschehnis selbst ist der Sinn. Und das Geschehnis ist jenseitig. Ist jenseits – zuerst und zumindest –

---

[a] Gestrichen: sie; handschriftlich ergänzt: die Erde.

[b] Gestrichen: unleserlich.

[c] Handschriftlich ergänzt: In … Säuren.

[d] Handschriftlich ergänzt: dann.

[e] Gestrichen: Zuletzt.

[f] Gestrichen: des Menschen.

[g] Gestrichen: Es war einer von den heiligen Zwölfen, es war ein Apostel, der den Herrn verriet.

[h] Handschriftlich ergänzt: Es … kreuzigte.

von unserer Bewußtheit[a] und unserer Willkür[b]. Genau so muß das wahre Geschichtserkennen das Geschehnis sehen und in seinem So-Sein ehren lernen.

Dann aber sieht es statt der „Einheit“ und der „Dialektik“ der Geschichte, statt ihres „Sinns“ und ihres „Zieles“, statt ihres „Wertes“ und ihrer „Idee“ den *Menschen der Geschichte.* Und zwar sieht es auch ihn als jenseitiges Wesen. Zuerst und zumindest als Wesen jenseits seiner Bewußtheit[c] und seiner Willkür. Damit ist die Geschichte jedem Kunstgriff gedanklicher Bemächtigung entzogen. Sie ist wieder das geheimnisträchtige Urgeschehen im Herzen des Universums geworden. Der Mensch aber ist in diesem Herzen die glühende Membran, über die hinweg sich die Spannung eines Kampfes entlädt, in dem auch das Schicksal des Alls mit entschieden wird. In diesem Kampfe aber weiß es der Kämpfer nicht, ob er verworfen oder erwählt sein wird. Nur eines weiß er: daß er im Kampfe den ganzen Einsatz seiner Existenz zu wagen hat auf dieses Ungewisse hinaus. Urteil und Ende steht nicht bei ihm.

Denn die Gottheit waltet frei. Ihre Freiheit ist die Logik der Geschichte. Das Gesetz der Freiheit aber ist die Liebe.

3.

Das jüdische Volk als Geschichtsmacht erkennen heißt den religiösen Ursprung der Geschichte erkannt haben. Max Weber hat schon am Rande dieser Erkenntnis gestanden mit jenem Satz von der Entstehung des Kapitalismus aus dem Geist der protestantischen Ethik. Dieser Satz[d] geht auf den Hauptsatz zurück, daß der Ursprung der Geschichte schlechthin religiöser Natur ist. Er besagt in der Anwendung auf das Einzelgeschehnis: das „Zeitalter der Erfindungen und Entdeckungen“ hat seinen Ursprung nicht in der Erfindung der Dampfmaschine und der Entdeckung Amerikas. Die Erfindung der Dampfmaschine und die Entdeckung Amerikas haben einen religiösen Ursprung. Das Zeitalter der technischen Weltzivilisation hat seinen Ursprung nicht in der Erfindung des Buchdrucks und des Radios. Das Zeitalter der Technik hat seinen Ursprung in einer religiösen Nötigung. Es

[a] Gestrichen: Bewußtsein; handschriftlich ergänzt: Bewußtheit.

[b] Gestrichen: Willen; handschriftlich ergänzt: Willkür.

[c] Gestrichen: en.

[d] Gestrichen: Er; handschriftlich ergänzt: Dieser Satz.

besagt im Ganzen der Geschichte, daß die Geschehnisse wohl eine logische *Ursache* haben, die „wissenschaftlich" feststellbar ist, daß sie aber *Ursprünge* haben, die wissenschaftlich nicht feststellbar sind. Und auf die Erkenntnis dieser Ursprünge kommt es dort an, wo es um das Warum der Dinge geht. Warum gibt es einen Kapitalismus? Warum einen Bolschewismus? Warum eine Technokratie? Warum die Masse?

Fluch und Segen sind niemals Ursache eines Schicksals, immer aber sein Ursprung.

In der politischen Religion formt sich der Geschichtswille des Menschen zu einem[a] verstehbaren Zeichen aus. In ihr „äußert" sie sich. In ihr wird etwas von ihrem „Innen" auswendig, von ihrem Jenseits diesseitig: *in der politischen Religion wirkt der Mensch, „als ob" er Gott wäre*. Eben die Lüge[b] dieses Alsob ist der *religiöse* Ursprung der Geschichte. Es ist die Religion die Krankheit der Menschenwelt, wie das Evangelium die Heilung von ihr. Denn das Evangelium weist und weissagt den Weg, auf dem das Schöpfungsdekret wieder in Kraft gesetzt wird. Das Schöpfungsdekret, das die Kreatur Mensch zum Herren der Erde bestimmt. Bis zur Inkraftsetzung aber und ohne das Evangelium kann der Enterbte nur leben in der Lüge, „als ob" er Gott wäre.

Wir klopfen hier an die innersten Triebkammern der Geschichte. Die Geschichte des Menschengeschlechtes auf Erden ist von einem einzigen Urverlangen getrieben. Dieses Urverlangen allen geschichtlichen Geschehens ist die vorwärtstreibende, geschehniszeugende Quellkraft der Geschichte. Die Kreatur Mensch, die bewußte Mitte eines Alls lebendiger Kreaturen, nicht anderes als zum Leben geschaffenes *Lebe*-Wesen, findet sich dem siegreichen Ansturm einer zerstörenden Grundgewalt ausgeliefert. Erwachend im Raum der Geschichte findet sie sich ausgeliefert der Dialektik des durch den Tod zerbrochenen Lebens.

Der Ur-Wille des geschichtlichen Geschehens ist das Erlösungsverlangen der Kreatur. Denn ohne seine Erfüllung gibt es keine Wiedereinsetzung in ihre Bestimmung: Herr der Erde zu sein.[c] Nun aber geschieht dies. Der Tod, eine Gewalt jenseits des menschlichen Vermögens, kann nur gebrochen werden durch jenseitige Macht. Um ihn zu überwinden, um sich zu

---

[a] Gestrichen: zum; handschriftlich ergänzt: zu einem.

[b] Handschriftlich ergänzt: die Lüge.

[c] Handschriftlich ergänzt: Denn … sein.

erlösen wird der Mensch selbst jenseitige Macht, wird er zum zweiten Mal[a] „wie Gott". Er wird der Gott der von ihm gestifteten Religion. Es wird jetzt der Wille der Gemeinschaft Erlösungswille. Er durchherrscht jetzt den Einzelnen und die Gemeinschaft umfassend und ausschließlich. Er vereinigt alle Mittel vom Schwert bis zur Idee zum Kampf um den Sieg gegen die dunkle Gewalt. Es wird der Erlösungswille Wille zur Macht. Es wird der Mensch politischer Gott und die von ihm gestiftete Religion politische Religion.

Hier sitzt die Wurzel jener weltgeschichtlichen Fehlentscheidung, die das Evangelium zur politischen Religion dämonisiert. Die Freudenbotschaft vom nahen Gottesreiche hatte in das Schwarze des menschlichen Leidens auf Erden getroffen. Das Schöpfungsdekret sollte wieder in Kraft gesetzt werden.[b] Das Erlösungsverlangen war tief und umfassend, wie noch nie zuvor in der Welt durch Christus angeredet worden. Durch die Offenbarung war das Erlösungsverlangen der seufzenden Kreatur jetzt zur Entscheidung aufgerufen, die Heilsverwirklichung vom Himmel zu empfangen – *oder* sich von der Erde zu nehmen. Das Volk Gottes verwarf den König des Himmels. Es glaubte nicht. Und brausend entrollten hinter ihm drein die Völker der Heiden ihre Fahnen, dem Messias von Blut und Art der Erde nach. Wenn vor Christus[c] sich die Reiche[d] und Zeiten im verhaltenen „Kreisen der Jahre" vollendeten, so beginnt nach Christus[e] erst die wahre Geschichte. Eine Dynamik wird gelöst[f] in den Dingen, von keinem gemeistert, doch alle meisternd. Die Geschichte beginnt als Weltgeschichte. Sie bricht auf als ein einziger[g] Strom. Als Bewegung, als Aufstieg und Marschtritt wachsender Millionen auf dem Einen Weg zur Erlösung im „Gottesstaat", im „„heiligen" Reich; und im Zauber immer neuer Verwandlungen der ins Unendliche hinaus entgleitenden[h] Idee: im „Weltimperium"

[a] Handschriftlich ergänzt: zum zweiten Mal.

[b] Handschriftlich ergänzt: Das … werden.

[c] Gestrichen: ante Christum; handschriftlich ergänzt: vor Christus.

[d] Gestrichen: des Sein der; handschriftlich ergänzt: die.

[e] Gestrichen: post Christum; handschriftlich ergänzt: nach Christus.

[f] Gestrichen: mächtig; handschriftlich ergänzt: gelöst.

[g] Gestrichen: geschlossener; handschriftlich ergänzt: ein einziger.

[h] Gestrichen: fliehenden; handschriftlich ergänzt: ins … entgleitenden.

der erwählten Herrenvölker, im „Weltbund" der Nationen, in der „Weltdiktatur" der klassenlosen Gesellschaft.

Es ist nichts von ungefähr auf diesem Marsch des menschlichen Geschlechts zu seinem Heil. Es ist nicht von ungefähr, daß das Zeitalter „nach Christi Geburt" das Zeitalter der Revolutionen wurde. Und auch das nicht, daß der Krater dieses Ausbruchs im Herzen der christlichen Völkerwelt liegt. Dabei haben wir Protestanten in Sachen der politischen Religion dem Katholizismus nichts nachgegeben. Wir haben ihr Prinzip in großem Stile in die Weltlichkeit übersetzt. Die tragenden Weltvölker des technischen Zeitalters sind die großen protestantischen Nationen.

Die Technik ist der unmittelbarste Ausdruck des Erlösungswillens als Willen zur Macht, den es je auf Erden gab. Der technische Mensch ist der mächtige Mensch schlechthin, mächtig der Lüfte, mächtig der Räume, mächtig der Kräfte, mächtig der Seelen. Technik heißt Heil durch Macht. Der technische Mensch trägt schon gotthafte[a] Züge. Er vermochte aus Steinen Brot zu machen und die unzähligen Millionen zu sättigen, die er in nie gesehener Fruchtbarkeit aus dem Schoß der Erde ins Dasein[b] rief. Als Industrievolk ballen sich diese seine Kreaturen[c] heute in den Riesenstädten der Welt. Der Sprung von der Zinne des Tempels ist ihm ein kleines geworden. Er springt von Kontinent zu Kontinent, und die Stratosphäre ist seinem Schwunge nicht zu hoch. Und seine Stimme schickt er über alle Reiche der Welt. Die Menschen aber lauschen in den Äther hinaus und erschauern heimlich ahnend, daß sie einst so hörig werden dem Mächtigsten, dem Erfüller des messianischen Traumes.

Das aber bleibt die Wurzel des Sündenfalles[d] des christlichen Weltalters: jene antichristliche Selbstverkehrung des Christentums, die das Evangelium vom Reich wieder zurück biegt in den jüdischen Messianismus. Er ist es, der in den Wirrsalen der „christlichen" Geschichtsepoche auf den entgegengesetztesten Fronten und in den unvermutetsten Gestalten hervorbricht. Als politische Religion behält er[e] den Grundcharakter der alttesta-

---

[a] Gestrichen: göttliche; handschriftlich ergänzt: gotthafte.

[b] Gestrichen: zum Leben hervorrief; handschriftlich ergänzt: ins Dasein.

[c] Handschriftlich ergänzt: diese seine Kreaturen.

[d] Gestrichen: revolutionären Charakters; handschriftlich ergänzt: Sündenfalles.

[e] Gestrichen: sie; handschriftlich ergänzt: er.

mentlichen Gottes-Nation: religiöser Leitgedanke einer politischen Sendung zu sein.

Nach dem „Reich der Tausend Jahre" (Offenb. Joh. 20) heißt dieser messianische Wille, der das Gottesreich im Menschenreich erkämpft, chiliastisch.[a] Hier ist der Selbsterlösungswille aus dem individuellen Bereich in den politischen Raum der Völkerwelt vorgestoßen. Hier ist der mystische Heilswille der Seele nach außen geschlagen und hat in der Heilsmystik der religiösen Politik der politischen Religion den Weltbrand entzündet. Nichts offenbart die Abgründlichkeit und Jenseitigkeit des Menschen-Wesens mehr als die Erscheinung des Chiliasmus. Nur ein Wesen jenseitigen Ursprungs konnte vom Evangelium so tief getroffen werden; und nur ein so abgründlich freies Wesen konnte dieses Evangelium so tief mißverstehen. Es nahm vom Evangelium nur die halbe Wahrheit. Und diese halbe Wahrheit gerät ihm immer neu zum Fluch der halben Wirklichkeit. In frevler Selbsterlösung noch bezeugend die ganze Wahrheit: den Erlöser. Im falschen Reiche noch verkündend des Menschen ewige Bestimmung: in Gottes Reich.

Der Ursprung der politischen Religion

Der Stifter der politischen Religion ist das Volk der Juden.[i]

Jede Form der politischen Religion im Weltalter nach Christus geht auf die jüdische Wurzel zurück. Der Siegeszug der politischen Religion ist von einer Macht, der in der Geschichte der Völkerwelt seit der Kreuzigung des Jesus Christus durch das Volk Gottes nichts zu vergleichen ist. Der neue Staatstypus, der in den großen Revolutionen der Europäischen Geschichte um Durchbruch ringt, scheint ihren Weltsieg vorzubereiten. Wenn man heute auf die politischen Entwicklungen in der Völkerwelt sieht, so scheint sich hier die letzte schicksalsbestimmende Leistung des Abendlandes für die Welt zu vollziehen. Es bleibt sich dabei gleich, ob man diese Leistung

[a] Gestrichene Anmerkung: Die Erkenntnis dessen, was „Chiliasmus" ist, hat die größte Bedeutung für eine Selbsterkennung und Wiedergeburt des christlichen Glaubens in der heutigen Zeit. Ich habe mich genau geäußert über diese geschichtliche Erscheinung in der „säkularen Religion" S. 13–32; 78–98. – Sodann in „Anti-Christus" S. 61 ff. – In den Aufsätzen „Der politisch-religiöse Synkretismus", „Orient und Occident", Heft V; „Heidnisch und Christlich" ebda. Heft II. – Vergl. ferner Fred Höntzsch „Menschenreich und Gottesreich" ebda. Heft XVI.

mit westlichem Blick die „Staatswerdung“ der Kirche oder in östlicher Besinnung die „Kirchwerdung“ des Staates nennt. Ihr Endziel bleibt die Aufhebung des Zwie-Spaltes zwischen Diesseits und Jenseits im Erlösungsstande eines politischen Monismus. Das Endziel der Staatsschöpfung der politischen Religion wird damit zum erstenmal von fernher sichtbar: die Errichtung einer Welttheokratie des Anti-Christus.

Das Volk der Juden aber war es, in dessen Mitte die zeugende Grundnot in ihrem politischen Charakter sichtbar wurde. Es ist der vom Tod bedrohte Lebenswille der Kreatur. Ist Gott wirklich, so muß er diese Bedrohung zunichte machen durch Setzung neuer Wirklichkeit, das aber kann nicht anders geschehen als genau dort, wo die Bedrohung geschieht, in der wirklichen Geschichte durch geschichtliche Tat. So wird die Religion „politisch“ in dem Augenblick, wo der Mensch als „Erwählter“ diese Setzung von sich aus vollzieht. Waren die Mythen der Völker bisher Teile eines großen Naturmythos der Heidenschaft, so bricht in der Judenschaft mitten in dieser Völkerwelt die neue, ja fremdartige Vision auf, in der die Geschichte als Gegenstand des Mythos lebt. Zwar ist im Geschichts- wie im Naturmythos der Gegenstand immer das vom Tode bedrohte Leben. Im Geschichtsmythos aber zieht sich die Bedrohung aus der kosmischen Unendlichkeit zusammen auf die menschliche Mitte. Hier wird sie erst als ein letztes Gestelltsein auf Tod und Leben als eine letzte unentrinnbare Wirklichkeit erfahren, die endgültige, leibhaftige und seinswagende *Entscheidung* heischt. Erst im Geschichtsraum wird es ernst.

Die leibhafte Gestalt, die im Geschichtsraum Träger des politischen Schicksales ist, heißt „Volk“. Im Geschichtsmythos der Juden wird sich das Volk der Juden selbst zum Gegenstand des Mythos. Wo das geschieht, da wird das Volk „erwähltes Volk“. Da ist es *das* „Gottes-Volk“.

Erwählt zu sein als Volk kann aber nur heißen: erwählt sein unter den Völkern. Und kann nur heißen, erwählt sein zu einer Sendung unter den Völkern, das heißt, erwählt sein zu einer politischen Sendung.

Diese Sendung ist das dynamische Motiv des Mythos. Sie ist göttliche Sendung politischer Natur. Ihr klassischer Name heißt seitdem für alle Zeiten Messianismus.

Zwar ist der Satz: „Ein Volk – Ein Gott“ auch in der mutterrechtlich allumfassend gestimmten Umwelt des antiken Judentums nicht unbekannt. Das Volk der Juden aber ist in der antiken Völkerwelt das einzige, das wirklich hinhörte, das ihn erst eigentlich entdeckte in der ganzen Tiefe seiner Erlösungsgewalt. Mit der Entschlossenheit der religiösen Berufung dachte es die Wahrheit dieses Satzes zum ersten Male zu Ende, setzte es sein völkisches Dasein an seine Verwirklichung. „Ein Volk – Ein Gott", auf diesen Satz hinhören und seine Wahrheit zu Ende denken, läßt nur Eines zu: *Die Gottheit des Volkes zugleich auch denken als die Gottheit der Welt.*

Hier aber entspringt die Dialektik der politischen Religion. Sie entbindet sich an einem elementaren Konflikt. An einem Konflikt, nicht an einem Problem. Ein Problem ist es in der Naturreligion. Dem entspricht die Art seiner Entladung in der Naturmystik. Die politische Religion aber enthält einen Konflikt, der im geschichtlichen Geschehen unser leibhaftes Dasein betrifft.

Dieser Konflikt entspringt aus der schöpfungswidrigen Vereinigung des Ur-Geschiedenen; aus der Gleichsetzung des Ewig-Ungleichen; aus der Vermengung des durch Schöpfungsdekret im Ab-Stand als Gegen-Stand sein Dasein Habenden. Er entspringt aus der Versündigung an der die Schöpfung gründenden Gestalt und damit an dem, der ihr zum Grund ihres Seins die Fülle der Gestalt gab. Der Ton erhebt sich wider den Töpfer, das Gefäß wider den, der es gemacht hat. Hier tastet der Mensch den Grund an, der ihn dasein läßt. Keine Gemeinschaft, die nicht im Abstand gründete! Sein Liberalismus ermächtigt ihn, mit Gott zu fraternisieren und ihm mit égalité aufdringlich zu werden. Darum muß es so sein und kann es nicht anders sein, als daß die Vermengung des durch die Schöpferliebe Geschiedenen das Leben zerstört.

Darum gilt von der politischen Religion: indem sie eint, spaltet sie. Ihr Wollen der Einung ist das Wirken der Spaltung. Das ist die Dialektik der politischen Religion. Das ist es, was die selbstzerstörende Gewalt dieser Dialektik entbindet, daß in der Formel „Ein Volk – Ein Gott" die Kreatur den Anspruch auf Gott selbst vorträgt; daß sich hier das Volk zusammenspannt mit dem Gott Himmels und der Erden unter die Waage des gleichen Joches: daß es den Gott Himmels und der Erden in der Enge der Sippenreligion gefangen setzt, ihn zum Haus- und Blutsgott des völkischen Ghettos zu machen trachtet. Es gilt „Ein Volk". Und es gilt „Ein Gott". Aber beides in einer Klammer und dazu noch so, daß der „Eine Gott'" als zweites Glied in die Abhängigkeit des „Einen Volkes" hin-ein gebunden wird – das ist die vorweggenommene Kreuzigung Gottes! Alle abgeleiteten Formen der politischen Religion, die in der Geschichte noch folgen, zeigen dieses eine Merkzeichen der Urformel: daß der Schöpfer und Herr hier von seiner

Kreatur in Hörigkeit und Gefangenschaft geführt wird. Das Einweltsystem Spinozas ist die Ghettophilosophie, die die aufkommende politische Theokratie der Neuzeit begleitet. Das Ghetto selbst aber, in dem sich der moderne Mensch mit „seinem" Gott zusammensperrt, ist das *totale Diesseits*. Mit unabdingbarer Unerbittlichkeit durchherrscht die politische Religion mit ihrer Zersetzungskraft die Gesamtheit aller menschlichen Dinge. Eines ist bei ihr zugleich auch immer das Zweite und Andere: Totales Diesseits, Ein-Weltsystem bedeutet Aufhebung jeder Unterscheidung und Scheidung, jeder Stufung des Ranges und der Gestalt, bedeutet Aufhebung der organischen Ordnung in der Menschenwelt.

Der Ideokratie der politischen Religion verfallen, sind wir dabei, die Ideen von 1789 – um nur ein Beispiel zu nennen – zur Theologie zu erheben: Im Ersten Artikel setzen wir uns Gott gleich, indem wir uns als Ursprung und Schöpfer preisen. Im Zweiten Artikel tilgen wir den Gottes-Sohn im Wahne vermessener Gottesbruderschaft. Im Dritten Artikel aber halten wir uns die Freiheit zu, selber Heiliger Geist zu sein und die verheißene Gemeinschaft des Gottesreiches auf Erden zu bringen. Nichts anderes als der Menschenbrei des kollektiven Zeitalters ist es, der sich hinter dieser pfäffischen Philosophie des Massenmenschen verbirgt. Im Massenwesen endet die enthusiastische Selbstbetörung, die der Himmel *über* die Erde, das Licht *über* der Finsternis, den Geist *über* dem Blut und Gott *über* dem Menschen leugnet. Die ihn leugnet, um der Forderung unserer wirklichen Existenz, die ein Leben-Müssen in Zwiespalt und Widerspruch, ein Kämpfenmüssen und Leidenkönnen vom ersten bis zum letzten Atemzuge ist, zu entrinnen.

Im Gegensatz zum Volk der Juden steht im Alten Testament das Volk Israel. Israel heißt Gottes-Kämpfer. Hier ist die Freiheit noch in Kraft zwischen beiden, zwischen dem freien Volk und dem freien Gott. Das Volk kämpft mit Gott, und Gott kämpft mit dem Volk. Hier ist noch die Wahrheit der Unterscheidung gegenüber der Lüge der Einheit in Kraft. Gott kämpft durch die Propheten mit dem Volk. Zwar gibt es hier kein Feldgeschrei. Aber wenn es eins gäbe, so müßte es[a] das Feldgeschrei Gottes *gegen* sein Volk sein[b]. Denn hier *kämpft* Gott mit seinem Volk. Hosea schildert ihn als den Mann, der seinem geliebten Weibe, das Hurerei treibt, mit unergründlicher, zorniger Liebe nachgeht. Denn Israel fällt immer neu zum Ju-

[a] Gestrichen: lauten: Ein Gott – Mein Volk. Es ist.

[b] Handschriftlich ergänzt: sein.

dentum ab, indem es sich dem Volksgott, dem Baal hingibt, indem es den „Bund" verkehrt in sein Gegenteil, sich seinen Gott sucht und spricht „Ein Volk – Ein Gott". Der Gott Himmels und der Erde ist aber der Gott der Völker. In der Verkündung des Propheten Amos macht sich Gott auf, sein eigenes Volk zu vernichten. Bei Amos klingt der Ruf Christi aus großer Ferne zum ersten Mal auf von dem Reich, das den „Kindern des Reiches" genommen und den „Heiden" gegeben werde. Die Juden sind ein Stück leibhaftige Metaphysik mitten in der Geschichte. Heute, da wir ihr Zeichen wieder zu erkennen beginnen, gilt es ein neues Auge zu bekommen für die einzigartige Stellung der „Propheten" in „Israel".

[a]Jesus Christus ist die Erfüllung der[b] Prophetie.[c] Gott will jetzt seine Herrschaft antreten und fordert von seinem Volk endgültig, daß es aufhöre, ein Volk zu sein. Es hat den Messias gebracht. Seine Sendung ist zu Ende, sein Sinn erfüllt. Es hat sich erschöpft in seiner Frucht, die des ewigen Gottes leibliche Erscheinung in der Geschichte ist. Des *ewigen* Gottes! Des *Herrn* der Herren! Um des willen es geschehen muß und nicht anders sein kann, als daß das Offenbarungsvolk[d] verzehrt wird.[e] Um des willen ein Volk erwählt heißt, erwählt von ihm, verzehrt zu werden und in der Flamme zu bezeugen: hier ist Gottes Stätte.[f] So war von Abraham das Opfer Isaaks und also seiner ganzen Nachkommenschaft, das Opfer seines Volkes, gefordert. Und war ihm nach erfülltem[g] Gehorsam geschenkt worden mit neuer Verheißung! So war das verzehrende Feuer in den Dornbusch gefallen. Der aber, brennend, verbrannte nicht.

Da[h] geschah das Abgründliche. Das Volk steht auf wider Gott. Es wollte nicht Offenbarungsvolk Gottes sein. Es wollte nicht verzehrt werden. Es wollte leben. Es entschied sich für den Abgott[i] wider den ewigen Gott, wider den Herrn der Herren. Für den Abgott[j], der nicht Dienst forderte, der

[a] Gestrichen: In.

[b] Gestrichen: tritt die; handschriftlich ergänzt: ist die Erfüllung der.

[c] Gestrichen: in ihre Vollendung durch Erfüllung.

[d] Gestrichen: ein; handschriftlich ergänzt: das offenbarungs-; ms.: Volk.

[e] Gestrichen: um ihm Raum zu geben in der Geschichte der Völker.

[f] Gestrichen: Liebe; ergänzt: Stätte.

[g] Gestrichen: dem; handschriftlich ergänzt: erfülltem.

[h] Gestrichen: aber.

[i] Gestrichen: Volks; handschriftlich ergänzt: Ab.

[j] Gestrichen: Volks; handschriftlich ergänzt: Ab.

vielmehr Dienst leistete. Der nicht verzehrte, sondern das Leben mehrte.[a] Es will leben, Gott aber muß sterben. Es wird Judas, in geheimnisvollem Einklang der Namen. Es wird Satanas, der Christus versucht. Mache aus diesen Steinen Brot, so wirst Du der Herr der Massen sein. Springe von der Zinne des Tempels, so werden wir Dich anbeten. Bete uns[b], dein Volk an, dann werden wir Dir das Völkerreich, dann werden wir Dir das messianische Reich zu Füßen legen. Die völkische Messiasformel „Ein Volk – Ein Gott" flammt auf dem[c] „Berge der Versuchung" auf und legt in seinem Blitze Christus „die Reiche der Welt" geöffnet vor das Auge.

Die Entscheidung fällt durch den Mund des Hohenpriesters der Juden. Und zwar im Namen der völkischen Gottesherrschaft[d] der Juden. Christus behauptete für sich den Königscharakter. Sein Reich aber sei nicht von dieser Welt. Es werde aber kommen. Es werde kommen mit ihm einst in den Wolken des Himmels. Damit war das Grundgesetz der völkischen Gottesherrschaft[e] verneint. Volk ist Erde und[f] sein Reich von dieser Welt. Es kann nie und nimmer „in den Wolken des Himmels" kommen. Ein Reich, das nicht von dieser Welt, das vom Himmel ist, dessen König nicht auf der Burg Jerusalem sitzt, sondern zur Rechten Gottes, bedeutet[g] das Ende des völkischen Messiasreiches. Der Vertreter der völkischen Gottesherrschaft[h] muß urteilen, ja[i] kann gar nicht anders urteilen als: „Lästerung" und „des Todes schuldig". In Jesus Christus war das große andere mit schweigender Majestät in das Gesichtsfeld dieser Welt getreten. Diese Welt aber konnte nicht anders, sie mußte sagen: Kampf bis aufs Blut. Denn dieser große Andere bedeutete ihr Ende.

---

[a] Gestrichen: Ich bin der Herr, Dein Gott. Du sollst nicht andere Götter haben neben mir. Damit war die Erwählung verkündet und der Bund geschlossen. Das Volk aber entscheidet für den Abgott wider Gott.

[b] Gestrichen: an.

[c] Gestrichen: sehr hohen.

[d] Gestrichen: Theokratie; handschriftlich ergänzt: Gottesherrschaft.

[e] Gestrichen: Theokratie; handschriftlich ergänzt: Gottesherrschaft.

[f] Gestrichen: sein Geist ist Erde und.

[g] Gestrichen: meint; handschriftlich ergänzt: bedeutet.

[h] Gestrichen: Theokratie; handschriftlich ergänzt: Gottesherrschaft.

[i] Handschriftlich ergänzt: ja.

Es geschieht jetzt, daß der Abgott den einzigen Sohn Isaak[a] zum Opfer bekommt.[b] Es geschieht jetzt, daß das Feuer den Dornbusch verzehrt. Mit dem völkischen[c] Selbstbehauptungsakt, den die Kreuzigung darstellt, hat das Volk der Juden aufgehört, ein Volk zu sein. Es wird aufhören, ein Volk zu sein bis an das Ende.

Das Gottesvolk wird zum Volk in der Zerstreuung. Es trägt den Sauerteig der Massewerdung in die Völkerwelt. Unter dem Ruf: „Ein Volk – Ein Gott“[d] zerfallen die Völker[e], zerspaltet sich der Glaube. Denn mit dem Feldgeschrei des abtrünnigen Gottesvolkes überkommt auch sein Fluch die Heidenschaft. Denn[f] das jüdische Volk hat[g] nicht aufgehört, das Schicksal der Völkerwelt zu sein. Es hat die Völkerwelt mit sich auf *seinen* Weg zum Messianischen Reiche fortgerissen. Denn der Heide steht nicht schuldlos neben dem Juden. Der Heide hat dem Juden Gehör geschenkt und die Tötung des Sohnes Gottes vollzogen. Obwohl der Heide des Juden stolzer Herr war und blieb, ist er sein Diener geworden, ist er ihm im Hören auf sein Wort hörig geworden. Und das bleibt so bis ans Ende dieser Welt. Es sei denn, der Heide bekennt das Ende dieser Welt und huldigt dem König, des Reich nicht von dieser Welt ist. Das allein kauft ihn los, das allein ist seine Erlösung. *Ohne* Christus fällt die Welt mit dem Juden unter *einen* Fluch. Der Heide im Weltalter vor Christus konnte Christus nicht kreuzigen. Er kannte ihn nicht. Im Weltalter nach Christus aber ist jeder vor die Entscheidung für oder wider Christus gestellt.[h]

Es ist so, man *kann* Christus kreuzigen! Gott, der der Freie ist, hat seiner freien Kreatur den Raum freigelassen, so zu tun. Man *kann* Christus aus dem Weg räumen und dann seinen eigenen Weg gehen. Das Ende dieses Weges aber ist uns schon bereitet. Dem Juden, der den göttlichen Messias zwar gekreuzigt hatte, seine völkische Messiasschaft aber nicht aufgeben wollte, sie vielmehr zum Gotteraube werden ließ, ist das Reich genommen

[a] Gestrichen: Israel; handschriftlich ergänzt: den einzigen Sohn Isaak.

[b] Gestrichen: fordert; handschriftlich ergänzt: bekommt.

[c] Handschriftlich ergänzt: völkischen.

[d] Gestrichen: Ein Reich – Ein Glaube; handschriftlich ergänzt: „Ein … Gott“.

[e] Gestrichen: zerfällt das Reich; handschriftlich ergänzt: zerfallen die Völker.

[f] Handschriftlich ergänzt: Denn.

[g] Handschriftlich ergänzt: hat.

[h] Handschriftlich ergänzt: Der Heide … gestellt.

worden.[a] Er[b] ist das „Volk in der Zerstreuung" geworden.[c] Nicht einer, der dem jüdischen Volke auf seinem Wege folgt und der nicht das gleiche Schicksal hat![d]

Hier liegt das religiöse[e] Geheimnis des Nihilismus verborgen, dem die moderne Völkerwelt in der Massewerdung unaufhaltsam entgegentreibt. An Jesus Christus entscheidet sich das Schicksal der Völkerwelt.[f]

„Wer nicht für mich ist, der ist wider mich." Wer sagt: „Hinweg mit diesem" – ist Judengenosse. Und „Wer nicht wider mich ist, der ist für mich". Es gibt fortan nur noch Christusverwerfer und Christusgläubige in der Welt. Es gibt fortan nur noch Juden und Judengenossen in der Welt – oder Christen. Eine andere Möglichkeit im „Weltalter nachher" gibt es nicht mehr. Nur diese beiden Wege führen durch es hin: Der Weg des Messias und der Weg des Christus, der Weg des „ewigen Reichs der tausend Jahre" und der Weg in das Reich der Himmel. Beide Wege aber begleiten zwei Opferzeichen. Der (!) Weg zum Messiasreich begleitet der Scheiterhaufen. Auf ihm opfert Kain seinen Bruder Abel. Er verläuft unter dem Bogen des Fluches. Den Weg zum Gottesreich begleitet das Zeichen des Kreuzes. An ihm opfert sich Gott selbst für beide, Abel und Kain. Er verläuft unter dem Bogen des Friedens. Beide Bogen wölben sich ineinander. Sichtbar, breit und machtvoll der eine, verborgen, nur dem Glauben geöffnet, der andere.

Die Entwicklung der politischen Religion

Pilatus hat auf Kaiphas gehört und ist ihm hörig geworden. Die ersten Christenverfolgungen sind die Fortsetzung der Kreuzigung Christi. Im Namen des kommenden Reiches verweigern seine Bekenner dem römischen Cäsar, der sichtbaren Mitte des irdischen Völkerreichs, die göttliche Eh-

[a] Gestrichen: Der Jude, der sein Volkstum nicht aufgeben wollte für den Gott des Himmels und der Erde, der leben wollte und Christus sterben ließ für sich selbst, „für das Volk" – damit die Schrift erfüllt würde – blieb ohne das Reich und mußte sein Volkstum obendrein geben; handschriftlich ergänzt: Dem … worden.

[b] Gestrichen: Es; handschriftlich ergänzt: Er.

[c] Handschriftlich ergänzt: geworden.

[d] Gestrichen: haben wird; handschriftlich ergänzt: hat.

[e] Handschriftlich ergänzt: religiöse.

[f] Handschriftlich ergänzt: An … Völkerwelt.

rung. Durch den „göttlichen“[a] Cäsar ist die römische Staatsreligion politische Religion. Jesus Christus ist der politischen Religion der Juden *und* der Heiden gemeinsam zum Opfer gefallen.

Im Raum des heidnischen Imperiums gründet jetzt ein judenzendes Christentum das erste Weltreich im Zeichen des Gekreuzigten. Die Formel empfängt jetzt neue Gestalt und heißt: Ein Reich – Eine Kirche. Der Keim der Selbstvernichtung aber wird im Erbgang mit übertragen. Die Dialektik der politischen Religion – der Kampf um die politische[b] Macht im Namen des Gekreuzigten, nicht der Glaube an ihn – ist es, der Ost- und Westrom auseinandersprengte. Mit dem Sitz in Rom wird das Abendland von jetzt an zum Vorort der politischen Religion auf der bewohnten Welt.[c]

Die Geschichte des christlichen Abendlandes aber stellt die graphische Kurve des Zerfalls dar, den die dialektische Selbstzerstörung[d] hier wirkt. Das römische Reich deutscher Nation ist darum „heilig“, weil es über dem Grundsatz erbaut ist: Ein Reich – Eine Kirche. Man kann ohne jede Einschränkung sagen, daß das Reich Karl d. Gr.[e] ohne diesen Satz nie hätte entstehen können. Er ist ein hochpolitischer Satz. Ein Verständnis seiner Reichsschöpfung jenseits dieses Satzes ist unmöglich. Reichspolitik[f] war hier immer auch Religionspolitik. Das Eine bedingte das Andere. Hier war wirklich beides Eins. Nicht die Kirche hat das Blut der Sachsen getrunken, sondern der religiöse[g] Totalitätswille des Einen Reiches. Den Weg der politischen Religion begleitet ein versiegbares Rinnsal von Blut durch die Welt. Ihr Zeichen ist seit Nero die lebendige Fackel des Scheiterhaufens. Wo dieser Scheiterhaufen auch immer auflodert auf der Höhe des Mittelalters, da hat er sich entzündet an der diabolischen Dialektik, die jene Formel enthält. Zuletzt noch einmal unter Alba in den Niederlanden, wo der spanische Philipp den Einheitswillen der Macht zur höllischen Dämonie aufgipfelte durch Untermischung mit dem religiösen Motiv der Einen Kirche. „Ein Reich – Eine Kirche“, das war die Generalforderung der großen Politik, die

[a] Gestrichen: divus; handschriftlich ergänzt: „göttlichen“.

[b] Handschriftlich ergänzt: politische.

[c] Gestrichen: Ökumene; handschriftlich ergänzt: bewohnten Welt.

[d] Handschriftlich ergänzt: Selbst.

[e] Gestrichen: Grossen.

[f] Gestrichen: Reichspolitisch; handschriftlich ergänzt: Reichspolitik.

[g] Handschriftlich ergänzt: religiöse.

auf dem Spiele stand in Worms am Anfang und in Augsburg am Ende der deutschen Reformation, der gegenüber Luther das Wort sprach, daß er lieber mit Christus fallen wolle, als mit dem Kaiser stehen; der gegenüber er zum Protestanten wurde im Namen jenes Reiches, das nicht von dieser Welt ist. Luther hat die Formel der politischen Religion mitten auseinander gehauen und damit ihre diabolische Dialektik überwunden.[a] Er hat es offenbar gemacht, daß hier, in dieser Formel, ein „Gottesraub" im Schwange geht. Er hat uns das Kreuz wieder sichtbar gemacht, an das die politische Religion einst Christus schlug und an das ihn zu schlagen sie unaufhörlich begehrt, ihren Weg entlang bis zum jüngsten Tag. Seit Luthers Tat ist jeder Versuch politischer Religion gebrandmarkt. Er hat uns den geschichtlichen Ort des Kreuzes durch alle Zeiten hindurch unübersehbar deutlich gemacht: sein blutiger Ort ist dort, wo das jüdische Volk und alle seine judenzenden Nachfolger Gott in die Gefangenschaft des Einen Volkes, des Einen Staates, des Einen Reiches gesetzt haben.

Der weltgeschichtliche Weg, der sich unter dem Bogen der politischen Religion durch die Zeitalter hinzieht, ist ein Weg der Vernichtung. Die dialektische Dynamik stößt das Getriebe auf ihm unaufhaltsam vorwärts in die Diabolik des Nichts hinaus.[b]

Der reißende Wehrwolf, der Anti-Christus, stürmt durch[c] die Jahrhunderte, in das Schafskleid gehüllt. An seiner Frucht sollen wir nach dem Wort unsres Herrn Christus auch ihn erkennen. An seiner Frucht, die ihm ohne seinen Willen wächst. Denn was er tun[d] will, ist der Weltbau, nicht die Weltvernichtung. Seine Frucht aber ist die Weltvernichtung.[e] Sie ist es, die auf seiner Spur wächst, wo auch immer sie in der Geschichte auftaucht. Der Nihilismus ist der Beginn des Weltgerichts. Der ewige Richter zwingt seinen Widersacher, das Gericht an sich selber zu vollstrecken. „Worin du gesündigt, sollst du umkommen."

Hier hilft nur der Verweis auf die Geschichte selbst. Denn das Geschehnis ist der Sinn der[f] Geschichte. Der Ursprung im völkischen Messianismus

---

[a] Handschriftlich ergänzt: und … überwunden.

[b] Gestrichen: Es gilt jetzt zu reden vom Nihilismus der politischen Religion; handschriftlich ergänzt: hinaus.

[c] Gestrichen: auf; handschriftlich ergänzt: durch.

[d] Handschriftlich ergänzt: tun.

[e] Handschriftlich ergänzt: Welt-; ms.: Vernichtung.

[f] Gestrichen: jeder; handschriftlich ergänzt: der.

des jüdischen Volkes ist am deutlichsten abgezeichnet in der Geschichte *Englands*. Englands Volk erhebt den Anspruch, in aller Form das British-Israel, das auserwählte Volk des *neuen* Bundes zu sein: „Our state is according to the Paddern of Gods own elect people." So lehrt Hooker, der Theologe der elisabethischen Established Church, die in klassischer Strenge über dem Satz errichtet ward: „Ein Volk – Eine Kirche". Noch im Elisabethischen Zeitalter entsteht das Puritanertum. Die Dialektik der politischen Religion setzt[a] mit unerbittlicher Folgerichtigkeit ein[b], aus der erzwungenen Einheit den Zwiespalt des Glaubens erzeugend. 1620 bringt das weltgeschichtliche Schiff, die „Mayflower", jene kleine Gruppe von verfolgten Puritanern an die Küste Amerikas, das einst der Vater der „Neuen Welt" und ihres ökonomischen Messianismus werden sollte. Zugleich aber steigt aus der dialektischen Spannung in England selbst die große Revolution empor, die ihren Führer, den Puritaner Cromwell, bis zur Königsenthauptung vortreibt. Schon hier sieht man, daß es auf dem Boden des „Weltalters-Nachher" keine Revolution gibt, die nicht eine Entladung der politischen Religion ist. Am Abschluß der englischen Revolution holt man Cromwells Leichnam aus dem Grabe und enthauptet ihn. Zwei grauenvolle Sinnbilder jener nihilistischen Dialektik – so stehen die beiden hauptlosen Rümpfe, ein jeder des anderen Henker, am Ausgang dieser religiösen Revolution, beides politische Christen, der König und sein Rebell. Das gemeinsame Ideal der *einen* Nationalkirche ist niemals erreicht, weder von den einen, noch von den anderen, sondern immer völliger Zubruche gegangen in der Folgezeit. Und das in einem Lande mit den einzigartigen Vorbedingungen des britischen Inselsitzes als einzige Mitte des Weltumspannenden „Wasserkontinentes" Britannien. Fast genau 50 Jahre (1739) nach dem Ende der glorious revolution setzte jene große Erweckungsbewegung ein, die John Wesley aus der durch politische Bindung ohnmächtigen Staatskirche wider seinen Willen herausführte und der Ursprung einer der größten Kirchenschöpfungen des Weltprotestantismus geworden ist.

Es gibt in Europa nicht nur eine Renaissance der heidnischen Antike, es gibt zugleich auch eine Renaissance der jüdischen Antike. Es ist die Renaissance des völkischen Messiastraumes. In ihrer Bedeutung für das Schicksal der ganzen abendländischen Völkerwelt überragt sie die heid-

[a] Gestrichen: ein.

[b] Handschriftlich ergänzt: ein.

nische Antike mit[a] entscheidender Mächtigkeit. Denn sie besaß die Fähigkeit, durch Eingang in das völkische Selbstbewußtsein sich mit der politischen Keimzelle aller zukünftigen[b] Machtbildung, der Nation[c], zu verbinden und ohne ideologisches Mittelglied, wie die heidnische Renaissance bis auf den Tag, *unmittelbar* Geschichtsmacht zu werden. Dieser Eingang vollzieht sich unterhalb des Bewußtseins. In das Bewußtsein selbst tritt der messianische Gedanke schon ganz und gar eingeleibt in die arteigene Gestalt des Volkstums und als höchste Entfaltung seines ureigenen Wesens. Es gibt keine andere Lösung aus diesem Bannkreis als den christlichen Glauben. Jenseits seiner kann das heidnische Volkstum auf dem Weg zu sich selbst nur jüdisch werden. Aus welchem Grunde dem Engländer nur der eine Weg übrigblieb, das Christentum selbst zur politischen Religion zu machen, um das „Israel neuer Art" sein zu können. Das ist der *politische* Ursprung der anglikanischen *Kirche*. Der Anglikanismus ist eine Gestalt der politischen Religion.

Etwa um dieselbe Zeit, also auf der Höhe des Mittelalters, entsteht in *Frankreich* dieselbe Bewegung im Gallikanismus.

Es ringen zwei Formen der politischen Religion im Abendland miteinander. Die eine hat die Wurzel in der antiken Reichsidee und ist zwischenvölkisch. Die andere hat die Wurzel im jüdischen Messiasglauben und ist völkisch. Der Anglikanismus und der Gallikanismus sprengen von der Nation her die übernationale Zwangseinheit in Glaubenssachen auf, *diese Zwangseinheit, dem Gesetz der politischen Religion treu, jedoch innerhalb der politischen Gemeinschaft des Volkes wieder von neuem begründend*. Die Formel bleibt die gleiche, im Gesetz der[d] dialektischen Selbstspaltung gemäß[e] jedoch so gegeneinander gestellt: „Ein Volk – Ein Gott" gegen „Ein Reich – Eine Kirche". Es beginnt jetzt in Europa der Kampf der Nationalmacht gegen Reichsmacht.[f] Beider gemeinsamer Wurzel*schooss* aber bleibt das Christentum, dessen Erlösungsverheißungen im Chiliasmus irdisch-politisch umgebogen werden.

---

[a] Gestrichen: schlechthin.

[b] Handschriftlich ergänzt: zukünftigen.

[c] Handschriftlich ergänzt: der Nation.

[d] Handschriftlich ergänzt: im Gesetz der.

[e] Gestrichen: Ausspaltung; handschriftlich ergänzt: Selbstspaltung gemäß.

[f] Handschriftlich ergänzt: Es … Reichsmacht.

Die Kraft der Rückbiegung der Verheißungen in das Irdisch-Politische ist im französischen Volk von besonders zäher Folgetreue. Frankreich bleibt das klassische Land des Positivismus, des Rationalismus, der Humanität, der Civilisation, des Laicismus. Es bleibt mit einem Wort das klassische Volk der „großen Revolution". Das Erbe der vorchristlichen Antike bricht in den romanischen Rassen mitten in ihren Nationalchristentümern mit ursprünglicher Notwendigkeit immer reiner durch. Man kann die Entwicklung der Dinge in Frankreich nicht anders sehen als von 1789 her, ganz im Gegensatz zu dem angelsächsischen England, wo nach der „glorious revolution" an derselben Stelle eine der größten religiösen Erweckungen steht, die das Abendland nach der Reformation[a] sah. Hierin liegt die Bedeutung Frankreichs, in der Heraufführung des *politischen* Zeitalters, dessen Züge seit 1789 nicht nur Europa, sondern die ganze Völkerwelt immer schärfer zeichnen. Heute ist der Prozeß der Einweltung, der Verdiesseitigung, und schließlich der Ausscheidung des Christentums aus dem Geschichtsgang so gut wie vollzogen. Der ordo christianus des Mittelalters[b] ist ersetzt durch den ordo mundanus; der politische Mensch ist der Typus des Zeitalters geworden. Hier über den politischen Menschen führt der Hauptstrang des Stammbaumes der gesamten modernen Geschichte zurück auf die Hauptleistung der „politischen Nation" Europas, auf Frankreich. Der Gallikanismus beginnt mit dem Sieg Philipps des Schönen über den Papst Bonifaz VIII.[c] In der Entstehung des Streits steht das Grundmotiv[d] des Geldes. Der Papst verlangte für sich das alleinige Besteuerungsrecht der Kirchen. Philipp sperrte darauf die Grenzen Frankreichs für Gold, Silber und Edelsteine. In der berühmten Bulle „Unam sanctam" von 1302 erklärt sich der Papst zum Inhaber der beiden Schwerter, des geistlichen und weltlichen, und die Unterwerfung unter ihn für heilsnotwendig. 1303 läßt Philipp den Papst gefangennehmen und in das „babylonische Exil" nach Frankreich führen. Ein französischer König hat die päpstliche Weltherrschaft gestürzt! Seitdem ist „Gott in Frankreich" und die französische Nation Erbfolgerin des kirchlichen Universalstaates.

[a] Gestrichen: Revolution; ergänzt: Reformation.

[b] Handschriftlich ergänzt: des Mittelalters.

[c] Handschriftlich ergänzt: VIII.

[d] Gestrichen: Geld; handschriftlich ergänzt: das Grundmotiv des Geldes.

Ohne dieses Sendungsbewußtsein bleibt die Geschichte dieses Volkes unverständlich. Paris ist das dritte Rom und sein großer König der Sonnenkönig. Der Absolutismus der französischen Krone ist der zu Versailles irdisch-politisch gewordene Papalismus. Es hat etwas Grandioses an sich, die mathematische Folgerichtigkeit, mit der Frankreich aus der unhaltbaren Zweideutigkeit einer irdisch-himmlischen Theokratie durchbricht zur Eindeutigkeit und Einseitigkeit einer geschlossenen diesseitigen Existenz. Ludwig XIV. verwirklicht den totalen Staat, der allein dieser geschlossenen diesseitigen Existenz die gemäße Form darreicht. Aber genau in diesem Augenblick tritt auch bei ihm der Fluch jener Formel in Kraft, die zuvor den geistlichen Weltstaat in Trümmer sprengte, weil hier Welt und Gott wider Natur und Offenbarung durch politische Raison gewaltsam in eins gesetzt waren. Es lag im Wesen des Ludwigschen Sonnenkönigtums, daß die Gott-Staatseinheit die vollendetste Durchbildung zu erfahren hatte. Damit aber war zugleich die Notwendigkeit gesetzt, den Zerstörungsmächten der politischen Religion in ihrer gefährlichsten Gestalt, im Religionskrieg, den Weg freizugeben.

Es ist bisher nur ungenügend beachtet worden, daß die verheerende Flut von Kriegen[a], die von der Mitte des 16. bis zum Ende des 17. Jahrhunderts über alle Länder Europas geht, den einheitlichen Charakter des Religionskrieges trägt. Sie wurde ausgelöst durch die Reformation. Was sich aber an Spannung bereits vorher aufgesammelt hatte, lassen die Hussitenkriege ahnen. Sie wurden geführt unter dem Zeichen der politischen Religion: Sie sind echte Religionskriege und der an Grauenhaftigkeit kaum mehr übertroffene Auftakt der jetzt folgenden Epoche des Religionskrieges. Huss war der National*heilige* der Böhmen und der Laien*kelch* das politische Symbol dieses nationalen Aufruhrs. Alle Zeichen des künftigen Chiliasmus tauchen in diesem vernichtenden Ringen auf vom religiösen Fanatismus der Nationalkirchler bis hinüber zum religiösen Fanatismus demokratischer und kommunistischer Welterlöser. In seinen Greueln führt sich die politische Religion gleich im Eingang ihrer Ära der Religionskriege ad absurdum, indem der Papst-Antichrist nicht Christus, sondern dem Leibhaftigen selbst zur Beute wird. Denn die Dialektik der politischen Religion wirkt die Selbstvernichtung des Antichristen durch seine[b] Selbstentzwei-

[a] Handschriftlich ergänzt: von Kriegen.

[b] Gestrichen: die; ergänzt: seine.

ung. Sie treibt den Antichristen durch den Erzantichristen und Baal durch Bellzebul aus. Der Großkampf aber setzt erst nach der Reformation, hundert Jahre später, mit den Inquisitionskriegen Philipps II. ein. Sie zünden[a] unter Alba die Scheiterhaufen bis in die Niederlande hinein an.[b] Zu gleicher Zeit begannen in Frankreich die Religionskriege mit dem Blutbad von Vassy (1562). Fast anderthalb Jahrhunderte erschütterten diese Kämpfe Frankreich, in denen sich Hunderttausende edelster Franzosen als Protestanten bekannten und um der Freiheit des Glaubens willen litten und kämpften. Mit dem Beginn des 17. Jahrhunderts sprang das Unheil auf Deutschland und England über. Die Wirren der „Großen Rebellion" und der „Glorreichen Revolution", die die Mitte des Jahrhunderts in England erfüllen, waren genau so Religionskriege im innerprotestantischen Feld, wie der dreißigjährige Krieg in Deutschland[c] der gegenseitige Vernichtungskampf auf dem gemeinchristlichen Feld zwischen den konfessionellen Machtgruppen gewesen war. Es war eine richtige Empfindung darin, wenn da und dort die gepeinigten Seelen den Fluch dieses Krieges als Anbruch des Weltgerichtes erkannten. Hier wird die Wurzel der abendländischen Menschheit tödlich versehrt. Hier werden die Grundmauern der abendländischen Kultur für immer durcheinander geworfen. Seitdem hat das Abendland aufgehört, eine geschlossene Welt zu sein. Seitdem herbstelt es in der gewachsenen Lebenswelt seiner Kultur, und das neue Zeitalter seiner aus technischem Prinzip aufgebauten Civilisation konstruiert sich in den entstandenen Leerlauf hinein. Seitdem hat seine Geschichte aufgehört, „die" Geschichte der Welt zu sein. Sie gleitet vielmehr in den ebenso flachen, wie reißenden Strom eines turbulenten, allgemeinen Weltlaufs mit hinaus.

Es ist richtig, daß Frankreich seit dem Ende des Religionskriegs in der politischen Gestaltung der Welt führt und zwar führt nicht so sehr durch das Schwert als durch die schöpferische Idee. Frankreich führt, aber es führt auf diesem Wege, der im Nihilismus endet, weil er[d] grundsätzlich bewußt und willentlich ohne Gott beschritten wird.

---

[a] Handschriftlich ergänzt: zünden.

[b] Gestrichen: zünden.

[c] Gestrichen: der gegenreformatorische Vernichtungsfeldzug gewesen war.

[d] Handschriftlich ergänzt: er.

Es war soeben bemerkt worden, daß im Staatsabsolutismus Ludwigs XIV. die Notwendigkeit beschlossen lag, die politische Religion in ihrer gefährlichsten Form, dem Religionskrieg, zu betätigen. Wir müssen hinzufügen, in den Religionskrieg, der in der Christenverfolgung endet. Die Dialektik der politischen Religion hat nämlich die diabolische Wirkung bei sich, daß sie das Christentum selbst aufspaltet und den Christen zum Verfolger des Christen verflucht. Es wird der politische „Christ" zum Verfolger des bekennenden Christen. Damit endet der dialektische Selbstvernichtungszwang. Denn das Vorzeichen „politisch", das im Religions*krieg* beide Partner haben dank ihrer Beanspruchung des schwerttragenden Arms der politischen Gewalt, trägt in der Religionsverfolgung nur noch der Verfolger. Der Verfolgte aber ist Dulder und Zeuge geworden und damit rechtmäßiger Walter und Träger der heiligen Kirche. Für den Verfolger aber hängt sich eine Kette des Unheils an solche Tat. Denn er hat im Namen Gottes Gott selbst angetastet. Er hat im Namen der Religion jene Urordnung versehrt, unter der die lebenbewahrende und gemeinschaftsstiftende Schranke zwischen der Kreatur und ihrem Erlöser verwahrt wird.

Frankreich wird von jetzt ab zum Bahnbrecher der modernen Menschheit in das Ein-Welt-System des totalen Diesseits. Mit dem rationalen Genie der französischen Rasse wird dieses System allseitig durchgebildet. In Frankreich entsteht die Aufklärung, der Materialismus, der Positivismus. Ja, in Frankreich, das heute einen gottlosen Bauernstand hat, entsteht der Atheismus als Weltanschauung, gleichsam als Stück der Menschenwürde und des Menschenrechts. Das Frankreich Ludwigs XIV. wird das Frankreich der Revolution von 1789. „Groß" heißt diese Revolution, denn das Unheil vollendet sich erst dort, wo wir – das Verhängnis mißkennend – als unser Heil preisen.

In *Rußland* vollzieht sich das gleiche Verhängnis. Die religiöse Reform Peters d. Gr.[a] wird aus dem Geist der politischen Religion vollzogen. Auch hier wieder das gleiche Walten des gleichen Gesetzes. Der Christ wird zum Christenverfolger. Hier aber, auf russischem Boden, festgehalten und außerstande, ein Asyl der Glaubensverfolgten jenseits der Grenzen zu finden, bleibt der Verfolger und der Verfolgte gleichsam in der Dialektik „hängen".

Wie ein Ausschlag „nach innen schlägt", so hier der offene Religionskampf in die unterirdisch wühlende Anarchie. In den Folgezeiten der russi-

[a] Gestrichen: des Großen.

schen Geschichte staut[a] sich eine Kräfteballung unter der Oberfläche, die keine Gestalt finden kann, weil sie keine Entladung findet; eine Kräfteballung, die ohne bestimmtes Ziel, sich zur totalen Spannung, gleichgültig gegen wen, auswächst. Versackt und verstockt wühlt sie ungeheure Hohlräume unter dem Boden aus, der im Augenblick der Explosion[b] unausweichlich in das Nichts unter sich abstürzen muß. Man merkt, was hier geschildert wird: Der Nihilismus. So unter die Schwelle verdrängt, wächst die Spannung von Geschlecht zu Geschlecht, bis es zwischen beiden Polen eine Entladung gibt von noch nie in der Geschichte erlebter Gewalt.

Die Zersetzung des Christentums in Rußland setzt in der Tat mit Peter d. Gr.[c] ein. Die Schnelligkeit und Vollständigkeit dieser Zersetzung ist jedoch so auffallend, daß man hier veranlaßt ist[d], auf besondere Umstände zu fahnden, die die Gesamterscheinung der politischen Religion für unser Auge noch durchsichtiger machen können, weil die Vollendung der Zersetzung uns selbst noch zu Zeitgenossen hat und damit eigene Gegenwart ist.

Im vorpetrinischen Rußland war die orthodoxe Kirche eine selbständige Größe, ja vielleicht überhaupt die einzige selbständige Größe im ganzen Staate. Sie hatte zum Zeichen dessen ein eigenes Haupt, den Patriarchen. Ja, es hat geschehen können, daß der Patriarch den Zaren an seine Christenpflichten mahnte. Das ist möglich nur im Raum eines starken Staates. Eines Staates, der von Natur stark ist, das heißt: dank seiner Verwurzelung in dem gewachsenen Boden der noch unbewußten Selbstverständlichkeit des Daseins.

Die politische Religion aber bringt die Entwurzelung jener Selbstverständlichkeit des Daseins. In ihr ist eben[e] die Gemeinsamkeit des gelebten Lebens zwischen Staat und Kirche nicht mehr Selbstverständlichkeit[f], sondern propagandistisches Willensziel geworden: Ein Volk – Ein Gott! mit Ausrufungszeichen dahinter. Das Selbstverständliche des Daseins ist hier zurückgewichen aus der Wirklichkeit und Idee geworden. Idee und Wille gehören zusammen. Der Wille kann nur wollen, was nicht *mehr* ist, das

---

[a] Gestrichen: stand; ergänzt: staut.

[b] Gestrichen: aus.

[c] Gestrichen: dem Großen.

[d] Gestrichen: wird; handschriftlich ergänzt: ist.

[e] Gestrichen: aber; handschriftlich ergänzt: eben.

[f] Gestrichen: selbstverständlich; handschriftlich ergänzt: Selbstverständlichkeit.

wieder werden soll. Der Wille ist das einzige einsame Kraut, das noch am Rande des Kraters wuchert, der erlosch. Er ist der Versuch des sterbenden Lebens, sich selbst zu erwecken durch das eigene Werk unter Verachtung des Schöpfungswunders des Glaubens. In diese eitle Leere hinab senkt die politische Religion ihre geilen Wurzeln. Sie will, was einst war; was einst sein wird. Im Rückblick kreatürlicher Sehnsucht will sie das verlorene Paradies. Und im Vorausblick kreatürlichen Hoffens will sie das Gottesreich. Sie will beides umso leidenschaftlicher, je tiefer Leere und Abstand ihrer eigenen Gegenwart hungernd und dürstend von ihr erfahren werden muß. Was einst vor aller Zeit Gnade des Schöpfers war, was dann in der Zeit noch restete vom Paradies als verflogener Same, was noch im Reich hinüberfristender Keim des Lebens war, das hebt der Mensch in der politischen Religion, gepeitscht vom Anblick der Zerlösung und des Niederganges aus dem verschwiegenen Schoß des einstmal[a] Heilig-Selbstverständlichen empor in die Scheinwelt der bewußten und gewollten Dinge. In das Bewußtsein gehoben wird das Lebensgeheimnis propagandistische Formel. Vom Willen bemächtigt wird es eine Technik politischer Aktion.

Wenn wir auch heute erst vermögen, die Erscheinung der politischen Religion mit solcher Deutlichkeit zu durchschauen, so kann doch gesagt werden, daß Peter[b] an ihrer sichtbaren Ausbruchstelle in der russischen Geschichte steht. Sie ist vor ihm schon wirksam in der papocäsaren Gegenform, in der man den Patriarchen von der Seite der Kirche her die heilsame Schranke überschreiten und den russischen Staat zur Kirche werden sieht. Denn[c] Rußland empfing nicht das große Gottesgeschenk jenes totalen Protestes gegen alle politische Religion, wie das[d] deutsche Volk in seiner Reformation. In Rußland schlug die ungebrochene Dialektik nach der anderen Seite um. Peter ward der erste Cäsaropapa, als er das Patriarchat auf seine eigene Person übertrug.

Es spannte sich ein Bogen von Peter zu Lenin. Es[e] ist der Bogen der politischen Religion. Zwar konnte Moeller van den Bruck noch nicht erkennen,

[a] Gestrichen: einmal; handschriftlich ergänzt: einstmal.

[b] Gestrichen: der Große.

[c] Handschriftlich ergänzt: Denn.

[d] Gestrichen: beglückte.

[e] Gestrichen: das; handschriftlich ergänzt: Es.

daß in der Gestalt der politischen Religion die Macht der Zerstörung hier[a] auf den Plan getreten war. Umso eindrucksvoller aber ist seine Beobachtung des Zusammenhangs zwischen den Raskolniki[ii] und den russischen Nihilisten des 19. und 20. Jahrhunderts.

Er weist mit Recht auf den chilialistischen Zug des antipetrinischen Altrussentums hin[b], der sich unter dem blutigen Einheitszwang des Zarentums ausbildete. Man sah in Peter den Antichristen, erwartete das Ende der Zeiten und den Anbruch des „tausendjährigen Reiches". Jene Bewegung, so kann Moeller sagen, habe „zuerst durch das russische Volk eine revolutionäre Stimmung getragen und religiösen Aufruhr verbreitet. Weil der Russe rechtgläubig bleiben wollte, wurde er altgläubig, um andersgläubig und schließlich ungläubig zu werden ... Der religiöse Nihilismus wurde allmählich zum politischen Nihilismus."[iii]

Der religiöse Charakter aber blieb auch im politischen[c] Nihilismus bewahrt. Der Leninismus ist Religion, genau so wie der Petrinismus[d]; und zwar politische Religion, nur von dem entgegengesetzten Pole her. Der Religionscharakter des Bolschewismus wird heute immer deutlicher erkannt. Sein Gott ist das Kollektivum. Sein Gottesdienst, dem das Gesamtleben bis in die letzte Lebensäußerung unterworfen ist, der Dienst am Kollektivum. Seine Ethik kennt nur das Kollektivum als absolute Norm alles Handelns: „gut" ist, was ihm nützt, „böse", was ihm schadet. Das „Recht", das der Richter spricht, die „Wahrheit", die der Gelehrte erforscht, sind das Zweckrecht und die Zweckwahrheit der „Generallinie" des totalen Petrinismus.[e] Seine Glaubenslehre lehrt die Selbsterlösung der politischen Gemeinschaft in dem verheißenen ewigen Reich der klassenlosen Gesellschaft. Seine Kirche aber ist die Partei. In ordenshafter gliedlicher Verbundenheit und in der Hingabe des blinden Gehorsams trägt sie den Kampf der Welterlösung vor. Wehe aber dem, der nicht glaubt! Wehe dem Ketzer! Auch den Scheiterhaufen der politischen Religion hat der Bolschewismus in unserer Zeit von neuem angezündet. Seine Flamme[f] bescheint ihm den Weg, der der

---

[a] Handschriftlich ergänzt: hier.

[b] Handschriftlich ergänzt: hin.

[c] Handschriftlich ergänzt: auch im politischen.

[d] Gestrichen: Cäsaropapismus Peters des Großen; handschriftlich ergänzt: Petrinismus.

[e] Gestrichen: des Kollektivs.

[f] Gestrichen: die nicht erlöschen will.

Opferweg eines heroischen Dynamismus (Lunatscharski)[iv] ist. Auf ihm wird die Gegenwart[a] geopfert um der Zukunft willen. An seinem Ende verwandelt sich der „streitende Sozialismus“ in die „ecclesia triumphans“ (Lunatscharski) des „vollendeten Sozialismus“. Das Ziel ist das Paradies selbst (Lunatscharski).

Das ist der Weg der politischen Religion. Am Beispiel Rußlands wird uns mit den Händen greifbar, daß ihre Dialektik eine Dialektik der Vernichtung ist. Eine prophetische Aufhellung der Zeit geht von ihm aus. Denn der Bolschewismus ist ein modernes Weltprinzip, ja er ist eine gegenwärtige jenseitige[b] Macht.[v]

Die Wirkung der politischen Religion

Die Entstehung der Masse ist das Ereignis, an dem sich das Schicksal des Zeitalters entscheidet. Masse ist verfallendes Volk. Ist Volk, das aufhört, Volk zu sein. „Sein Blut komme über uns und unsere Kinder.“ Es kam. Und mit den Juden über alle Heiden, die das Werk des Messias, der am Kreuz verblich, dem Juden nach auf eigene Faust vollendeten.

Der Ursprung der Massewerdung ist religiöser Natur. Er ist Fluch. Es gibt keinen logisch zwingenden Zusammenhang zwischen dem von Gott verworfenen Volk der Juden und der Masse werdenden Völkerwelt. Hier waltet ein Fluch. Das dialektische Prinzip der politischen Religion, über das hin sich dieser Fluch vollzieht, hat eine antilogische Natur. Es ist der leibhaft gewordene Widerspruch selbst. Es ist der Widerspruch als dämonisches Geschichtswerk. Man kann nur sagen, „daß es so ist“; und daß die Ursache[c] dieses So-seins verborgen ist. Die Spur seines Fluches aber taucht überall da auf, wo die Urformel des von Gott an den Ab-Gott[d] fallenden jüdischen Volkes zum Bekenntnis[e] wird: „Ein Volk – Ein Gott“.

---

[a] Gestrichen: Zukunft; ergänzt: Gegenwart.

[b] Handschriftlich ergänzt: jenseitige.

[c] Handschriftlich ergänzt: die Ursache.

[d] Gestrichen: sich selbst; handschriftlich ergänzt: den Ab-Gott.

[e] Gestrichen: bekannt; handschriftlich ergänzt: zum Bekenntnis.

Die Macht, die wir durch alle Gestalten der politischen Religion[a] in immer neuer Wandlung hindurchgleiten sehen, ist jenseitige Macht. Sie erscheint darum in dieser Welt als „Religion". Und daß sie „politisch" zu werden vermag, bezeugt nur ihre geschichtsmächtige Wirklichkeit. Der Nihilismus der politischen Religion ist Nichtigung der Schöpfung auf dem Boden der Geschichte. Durch sie wird die Geschichte zum Prozeß der Selbstverzehrung der Kreatur. Es ist dieser Vorgang ablesbar an zwei Funden, die wir heute im Geschichtsraum machen müssen. Jeder Schritt, den wir tun, läßt uns auf sie stoßen. Diese beiden Funde sind in Wahrheit nur ein einziger Befund. Er stellt sich dar nach seiner gesellschaftlichen Seite als Masse, nach seiner seelischen Seite als Gottlosigkeit. Der Mensch, der sich aus eigener Kraft erlöst, hat sich von Gott losgesagt, wie sich der Jude vom Gott Himmels und der Erde in der Verwerfung des Messias losgesagt hat. Er ist Gott losgeworden. Er ist aus seiner Wurzel gebrochen. Er verzehrt sich als „Volk" in die entwurzelte „Masse" hinein. Die apokalyptische, d. i. aufdeckende Kraft des Bolschewismus für die Beurteilung des Weltalters der politischen Religion besteht darin, daß er in unserem Gesichtskreis die entwickeltste Form der Selbstverzehrung der Schöpfung im Geschichtsraum aufweist. Er hat sich selbst aufgedeckt als die Religion der Gottlosigkeit. Hier ist das Nein, die Leugnung Gottes, die religiöse Tugend des neuen, des kollektiven Menschen. Geheime Urgründe der östlichen Seele wirken hier herauf, die eine Wollust des Nichts und eine „Entsinkung ins Weiselose" kennt.

Neben dem Russen tritt heute der Deutsche wieder neu in das Centrum der zeitgeschichtlichen Entscheidungen.[b] Beide Völker erweisen sich heute wieder erneut als die Völker der Religion. Sie erweisen sich als solche in ihrer Gottlosigkeit. Der Deutsche zwar ganz anders als der Russe, gleichsam als sein großer Gegenspieler im neuen Anti-Evangelium der Gottlosigkeit. Im deutschen Menschen spricht[c] sich heute die westliche Seele aus. Sie weiß um die Wollust des Jas und der baumeisternden Gestaltung der Welt. Sie stellt dem östlichen Gott-Verneiner den westlichen Gott-Macher gegenüber. Das ist die höchste Vermessenheit ihrer Tatkraft: dem gestorbenen

---

[a] Gestrichen: diese Verhüllungen; handschriftlich ergänzt: Gestalten … Religion.

[b] Handschriftlich ergänzt: wieder … Entscheidungen.

[c] Gestrichen: spielt; ergänzt: spricht.

Gott die neue Gottesschöpfung an die Seite zu geben. Ist der russische Gott der Nicht-Gott, so ist der deutsche Gott der Ab-Gott.

Der Gottes-Mörder wie der Gottes-Mächler, beide haben eine gemeinsame Tiefenwurzel, die dem Auge entzogen ist. An der Oberfläche[a] sichtbar über[b] der Stelle, wo sie in der Tiefe ruht, ist nur eine Tatsache, die uns Deutsche als die[c] Verschulder des russischen Bolschewismus bezeugt. Beide Frevel haben ihren Propheten in Deutschland. Beide haben die Erkenntnis gemeinsam, daß „Gott tot ist": Nietzsche und Marx. Zwar war der eine Jude, aber gespeist aus der Quelle der „deutschesten Philosophie", dem klassischen Idealismus. Man muß dazu das Bekenntnis des Atheisten und Hegelianers Bruno Bauer[vi] lesen, um beklommen den Anteil zu erkennen, den dabei der mystische und chiliastische Protestantismus der Westvölker hat. Aber nicht nur den Propheten gaben wir. Wir gaben Rußland auch den Schöpfer des Bolschewismus: Lenin. Wir waren es, die jenen plombierten Wagen über die Grenze sandten.[vii] Mehr als alle philosophischen Deduktionen erweist solches Geschehen den Fluchcharakter jenes dialektischen Prozesses, der politische Religion heißt.[d] Es selbst, dieses Geschehen, *ist* der sichtbare Funken, der zwischen den Gegensätzen furchtbar zündend den leeren Raum durchschlägt. Denn[e] beide Male[f] ist die[g] gleiche Dämonie am Werk, beim Gottesmacher und beim Gottesleugner, die Dämonie der politischen Religion. Sie ist zu beschreiben *als die Antastung einer Urschranke der Existenz, durch die der Politisch-Religiöse das Verhängnis des Nihilismus unablässig in den Geschichtslauf hineinzeugt.*

In der Politik bleibt die ultima ratio[h] die Schwert-Gewalt.[i] Gewalt im *Sinne der Macht über den Leib gehört zum unteilbaren Wesen der politischen Macht.* Der politischen Religion ist deshalb um ihres politischen Charakters willen die Gewaltanwendung wesentlich. Sie gehört zu ihr. Sie ist in ihr rechtens. Denn nach dem Grundgesetz der politischen Religion ist die

[a] Gestrichen: Offen; handschriftlich ergänzt: An der Oberfläche.

[b] Gestrichen: ist; handschriftlich ergänzt: über.

[c] Gestrichen: weltgeschichtlichen.

[d] Handschriftlich ergänzt: der … heißt.

[e] Handschriftlich ergänzt: Denn.

[f] Gestrichen: aber.

[g] Gestrichen: Eine.

[h] Gestrichen: der Macht.

[i] Handschriftlich ergänzt: Schwert.

Zwangs-Einheit[a] der Gemeinschaft der Sinn ihres Wirkens. „Ein Volk – Ein Gott“! „Ein Reich – Eine Kirche“!

Immer wieder werden wir auf jenen Vorgang hingestoßen, der die Messiasverwerfung des jüdischen Volkes heißt. Hier ist der einzige große Einschnitt, der ein Vorher und ein Nachher in der Zeit erkennen läßt. Man kann ihn freilich nur erkennen, wenn man sich loslöst von einer Geschichtsschau, die in der Geschichte immer und überall ein *Gleiches* anschauen will, die auf eine Grundidee, einen Grundsinn, eine Grundgestalt in ihrem Forschen ausgeht und mit dieser Absicht als Voraussetzung bereits in die Forschung hineingeht. Die Geschichte spielt sich im Raume der dämonischen Freiheit ab. Dieser Charakter der wahren Wirklichkeit macht es wohl begreiflich, daß wir ihn durch Ordnung beherrschbar machen[b] und durch Sinngebung verstehen[c] möchten. Begreiflich, aber nicht entschuldbar. Denn diese Ordnung ist eine Gedanklichkeit, die dem Erkenntniswillen, nicht aber dem Erkenntnisgegenstande angehört. Wir überblenden mit solchem technischen Verfahren die Transparenz, die die Geschehnisse selbst haben. Das Licht, das wir auf die Geschehnisse werfen, ist unser Licht. Es prallt von der Oberfläche der Geschehnisse ab und trennt uns von ihnen. Die Geschichte läßt sich nicht röntgen von uns. Sie läßt sich nur durchschauen kraft der Transparenz, die den Geschehnissen selbst eignet. Wir müssen lernen, mit frischem jungem Auge auf das *Geschehnis* schauen und die Logik der Geschichtsphilosophien als Täuschung erkennen, an deren Strohhalmen wir uns im offenen Meer der dämonischen Freiheit nur allzu gerne festklammern. Das Wesen der Geschichte sind die Geschehnisse. Sie sind ihre[d] Wirklichkeit. Sie[e] sind ihr Sinn.

Die Messiasverwerfung ist Geschehnis. Unsere ganze Untersuchung zeigt die Welt unter der beherrschenden Fernwirkung, unter dem Fluch dieser Verwerfung. Sie schließt das Weltalter der frühen[f] Menschheit ab. Es war schon früher darauf hingewiesen, daß dieses „Weltalter vorher“ ausgezeichnet war durch die Fähigkeit der Sichtigkeit, wenn auch mit trüber und

---

[a] Handschriftlich ergänzt: Zwangs-.

[b] Handschriftlich ergänzt: machen.

[c] Gestrichen: machen.

[d] Gestrichen: Hier ist; handschriftlich ergänzt: Sie sind ihre.

[e] Gestrichen: selbst.

[f] Gestrichen: ersten; handschriftlich ergänzt: frühen.

immer mehr verlöschender Sehkraft. Es war dem frühen Menschen noch möglich, Volk in Gott und Gott im Volk zu sehen und das Gesicht im Bild sinnlich zu machen. Im „Weltalter nachher" ist diese Möglichkeit restlos verbraucht. Denn nur in dieser totalen Leere ist die Formel der politischen Religion überhaupt erst sinnvoll. Weil das Selbstverständliche nicht mehr selbstverständlich ist, weil Volk und Gott nicht mehr eines sind, gerade[a] deshalb heißt es jetzt „Ein Volk – Ein Gott"! Sie ist der Ausdruck der *Bewußtheit* des Verlustes. Was nicht mehr *ist*, kann das „Weltalter nachher" auch nicht mehr haben.[b] Es kann das Verlorene nur noch wollen. Das „Weltalter nachher" ist deshalb das[c] Weltalter der Bewußtheit. Wir stehen heute auf seiner Höhe. Es ist bei uns heute alles bewußt. Wir machen unsere ganze Geschichte bewußt. Wir machen in ihr bewußt „Religionen". Wir setzen bewußt die alten Götter ab und machen bewußt neue. Wir kehren bewußt zurück zur Natur, bewußt zu Blut und Boden. Wir machen bewußt die Vorzeit wieder „lebendig". Durch archaische und kosmische Tiefenlotungen heben wir das Urgeheimnis empor in das Bewußtsein. Es enthüllt sich das „Weltalter nachher" in einer titanischen Technokratie. Die Technik der Kräftebeherrschung stellen wir in Schatten durch den neuen großen Triumph der Technik der Schöpfungsbeherrschung. Die „Mechanik", mit der wir die Natur uns dienstbar machten, wird zum Waisenknaben neben der „Organik", mit der wir heute das Lebensgeheimnis uns dienstbar machen.[d] Wir machen synthetische Edelsteine. Wir konstruieren die Wachstümer. Wir organisieren Organismen. Wir dirigieren das Schicksal.[e] Kraft ihrer[f] technischen Höchstleistung in der Organik kann man es heute bewußt „machen": „Ein Volk – Ein Gott". Es vollendet heute[g] das zum Volk der Zerstreuung verfluchte Gottes-Volk sein Werk der Kreuzigung durch

---

[a] Handschriftlich ergänzt: gerade.

[b] Gestrichen: sehen; handschriftlich ergänzt: mehr haben.

[c] Gestrichen: ein; handschriftlich ergänzt: das.

[d] Gestrichen: selbst beherrschen; handschriftlich ergänzt: uns dienstbar machen.

[e] Gestrichen: Es ist heute möglich, Christus zu besiegen und den Gott des Evangeliums ins Unrecht zu setzen, das jüdische Volk aber mit seinem „Kreuzige" ins Recht; handschriftlich ergänzt: Wir ... Schicksal.

[f] Gestrichen: der genialen Entdeckung der; handschriftlich ergänzt: ihrer.

[g] Handschriftlich ergänzt: Es vollendet heute.

die Hände der Heiden. Damit es Recht behalte über Christus hinaus und Gott allein der Gott einer Volkheit bleibe.[a]

Ist die Zwangs-Einheit[b] der gottmenschlichen[c] Gemeinschaft also der Sinn der politischen Religion, so ist die Inanspruchnahme der politischen Gewalt durch die Kirche und die Inanspruchnahme der Kirche durch die politische Gewalt notwendig, natürlich und rechtens unter dem Bogen dieser Einheit. Nun aber besteht diese Einheit nicht mehr, seitdem sich das jüdische Volk zu seinem Abgott und gegen den Gott Himmels und der Erde gewandt und Christus gekreuzigt hat. Was auch immer an Rest aus dem „Weltalter vorher" noch hinüber gelangte zu uns, zerfällt in der zersetzenden Bewußtseinshelle des „Weltalters nachher" mit unheimlicher Schnelle.[d] Und da sie ein Paradiesesrest ist, da sie die Schöpfungsgemeinschaft des Schöpfers mit seinem Geschöpf meint, ist sie auch nur durch einen neuen Schöpfungsakt wieder vollziehbar.

Durch die Technik der politischen Religion aber[e], die ihre Stahlgerüste im Bewußtsein errichtet, wird sie vom Menschen selbst rekonstruiert. Machtweise – denn nur mit ihrer Hilfe ist das möglich, und zwar mit Hilfe der politischen Macht – bricht die politische Religion jetzt die Urschranke auf dem Wege zur Einung nieder. Da aber politische Macht nie ohne Gewalt über den Leib ist, ja erst im Schwert wirklich, d. h. wirkend wird, so wird hier die Einheit unter dem Zeichen des Schwertes vollzogen. Wer den Staat ruft, hat dem Schwert gerufen. Und einmal in der Kirche – vermag kein Weihrauchgewölk seinen fremden Glanz mehr zu verdecken. Wie auch immer der politische Priester sich salbe mit Öl – hinter ihm wird der Scheiterhaufen gerüstet bis an den letzten Tag der Welt. Ihm ist die Schlüsselgewalt gegeben zu lösen und zu binden. Aber wehe, wenn er schließt und löst mit dem Schwert! Denn was er schließt und löst, sind die Seelen. Er treibt den Leib gegen die eigene Seele vor, grauenvolle Spaltung in den

---

[a] Gestrichen: Es kreuzigt heute Jesus Christus zum zweiten Mal durch den Arm des Pilatus, durch den Arm des judenzenden Heiden. Damit es Recht behalte: Ein Volk – Ein Gott!; handschriftlich ergänzt: Damit … bleibe.

[b] Handschriftlich ergänzt: Zwangs-.

[c] Handschriftlich ergänzt: gottmenschlichen.

[d] Gestrichen: In dieser Atmosphäre fällt die echte Volksreligion, der echte Sippenmythus zusehends der Weltreligion zum Opfer. Dieser Prozeß setzt bereits in dem letzten vorchristlichen Jahrtausend mit dem Buddhismus in Asien ein. Jene Einheit besteht aber nicht mehr.

[e] Handschriftlich ergänzt: aber.

Urkern der Schöpfung, die Person, tragend. Die Schranke ist niedergetreten. Ein Frevel ist geschehen. Das Verbrechen der versehrten höchsten Majestät. Dreifach vermessen, weil getan im Namen Gottes selbst. Geheime Kammern springen auf, vorher der Seele selbst verborgen. Und ein Kampf bricht los, der die Grundmauer der Gemeinschaft selbst nicht schont.

Darum erschauert der moderne Mensch, wenn in der Glaubensfreiheit jene Schranke angetastet wird. Denn sein Gemeinschaftsdasein ist weit umfassender gefährdet, als das der kindlicheren Menschheitsstufe. Was in dieser Grenzüberschreitung geschieht, ist grundverschieden von dem, was die moderne Toleranzidee mit der Gewisssens-freiheit meint. Die Gewissensfreiheit ist politischer Natur. Sie ist die säkularisierte Glaubensfreiheit, d. i. ein ins Weltläufige zurückgefallenes Zersetzungsprodukt des christlichen Glaubens. Sie beurkundet damit ihre Zugehörigkeit zur[a] politischen Religion. Die Gewissensfreiheit ist das Dogma der politischen Religion in ihrer liberalen Ausprägung. Sie ist ein Vorprodukt des Nihilismus.

Auch die humanistische Begründung der Glaubensfreiheit ist auf demselben Aste gewachsen. Im Angesicht des modernen Daseinskampfes der Völker, den die offen drohende Wesensvernichtung des Volkstums[b] heute tödlich schärft, wird sie als der Luxus eines entschwindenden bürgerlichen Individualismus erkannt. Ist der Glaube nur eine Angelegenheit, der im Menschen gründet, warum sollte nicht vom Menschen über ihn verfügt werden können! Die Unzulänglichkeit der humanistischen Begründung des Glaubens läßt sich heute nicht mehr verheimlichen.

Nein! Was in jener Grenzüberschreitung geschieht, ist Frevel. Ist Frevel in einem neuen Sinn. Ist der Frevel des Modernen, der ihn in seiner Vermessenheit von allen menschlichen Geschlechtern vor ihm scheidet und ihn mit brennendem Stirnzeichen zeichnet: Nicht nur zu *sein* wie Gott, nein auch zu *wirken* wie Gott! Die mystische Versenkung der einstigen Vergotter kehrt sich nach außen. Er wird technische Kunst bewußten Willens zur Macht. Wenn der Antike frevelte, so war sein Frevel fromm. Er teilte noch mit den Teufeln das Wissen darum, *daß Gott ist*. Der Moderne leugnet Gott. Und *dann* frevelt er. Die Leugnung macht ihm den Raum frei, damit darin sein Frevel blühe. Sie macht den Raum gottlos, damit ihm niemand wider-

[a] Gestrichen: ihren verwandtschaftlichen Ursprung aus der; handschriftlich ergänzt: ihre Zugehörigkeit.

[b] Handschriftlich ergänzt: des Volkstums.

spreche, wenn er den Frevel als die Tugend vor der Welt rechtfertigt. *Denn der Mensch ist das Maß aller Dinge.*

Die Philosophie der Sophisten setzt mit dem Ausgang des „Weltalters vorher" auf griechischem Boden ein. Ihr Dogma lautet einst wie heute. Es setzt voraus, daß die Welt ohne Gott sei. Und der Mensch schließt aus dieser Gottlosigkeit der Welt, daß er selbst der Gott sei. Er rechtfertigt die Ur-Sünde mit der Ur-Lüge. Er, der Mensch, so sagt er, sei darum so einsam, weil er, der Mensch, Gott sei. Nach seinem Maße mißt er jetzt den Lauf der Sterne. Er ist das Ziel der Geschichte, und die Neuen Tafeln richten alles Sein und Werk nach der Summa der Gebote: Gut ist, was nützt. Böse, was schadet. Es hat sich der Maßlose zum Maß, der Herrenlose zum Herrn, der Wurzellose zur Wurzel gemacht.

Damit ist hineingeleuchtet in einen Verfall des Denkens und Wollens, ja unserer ganzen Seelenwelt, aus dem jener Wahn der Politisch-Religiösen begreifbar wird, die Glaubenseinheit zu stiften aus der fremden Vollmacht. Der Glaube, der Gottes Gabe ist, ja der Gott selbst in unbegreiflicher Gegenwart mitten im Raum der dämonischen Freiheit ist, wird hier[a] gemessen an dem Maß, das Mensch heißt, wird hier eingereiht als Gebrauchsgegenstand in das System der Bedürfnisse der Zeit.

Die bewußte, klug organisierte Auflösung der Urordnung, die als lebenverbürgende Schranke zwischen uns und Gott steht, ist der Anbruch des Nihilismus selbst. Es ist die magische Verführungskraft des „wie Gott" Wirken-wollens, die unser Geschlecht auf diesem Wege vorwärts treibt. Sie wirkt von Geschlecht zu Geschlecht. Auch hier haben wir das Erbe in unserem Leibe bei uns. Auch hier stehen wir in der ungeteilten Solidarität der[b] Schuld mit den Vätern und Vorvätern. Niemand fragt uns, ob wir werden wollen. Wir sind. Wir können uns den Boden, der uns trägt, nicht unter den Füßen wegschaufeln. Das Vergangene bleibt unserer Macht entzogen. Wir aber nicht der seinen.

Die umfassende Menschheitsnot, die aus diesem Erbe uns heute zuwächst, heißt Masse. Die Aufhebung der Schranke zwischen Gott und Mensch hat in der Menschengemeinschaft die Aufhebung der Schranke zwischen Mensch und Mensch zur Folge. Volk wird Masse.

---

[a] Gestrichen: unleserlich.

[b] Gestrichen: unleserlich.

Wer die Glaubensspaltung zu überwinden trachtet auf dem Weg der Aufhebung dieser Schranke[a], der hat sich gegen das Volk für die Masse, gegen den Staat für das Kollektiv entschieden. Denn ebenso wie Volk und Staat zusammengehören, so Masse und Kollektiv. Es ist das Entscheidende richtig gesehen, wenn der „Reichswart" des Grafen Reventlow[b] der Anwendung von Zwang in Glaubenssachen gegenüber sagt: „Solche Drohungen ... offenbaren auf alle Fälle Pläne, die mit allen Mitteln der Gewalt und des Zwanges und der Drohung die Deutschen in ein religiöses Kollektiv hineintreiben sollen, vergleichsweise genau[c] ebenso, wie die russische Sowjetregierung die Bauern entwurzelt, ihnen alles nimmt und sie ins Kollektiv zwingt." („Reichswart", 3. Sept. 1933).

Das religiöse Kollektiv geht über das Geheimnis unseres völkischen[d] Schicksals hinweg. An dieses Geheimnis aber kommt man nicht heran, ohne die Tatsache der Glaubensspaltung ernst genommen zu haben. Dem religiösen Kollektivisten ist jeder Sinn für die Schicksalsmächtigkeit bereits entschwunden, die in dem *Kreuz* der Glaubensspaltung unser Volk zeichnete. Denn ein solches Kreuz trägt ein Volk nur, wenn es in keiner Weise anders geht, wenn es schicksalhaft *muß*, weil das Geheimnis gerade seines metaphysischen Charakters sich in diesem Kreuz ausspricht, dessen Fluch nur in männlicher Bejahung und kindlicher Durchkämpfung sich den verborgenen Segen abringen läßt. Demgegenüber muß[e] man dem religiösen Kollektivisten sagen, daß das Schicksal eines Volkes keine Meterware ist, von der man sich mit der Schere ein Stück abschneidet für eine neue Jacke, weil die alte einem nicht gefällt. Sein politischer Technizismus ist in der Tat nichts anderes als Bolschewismus.

In das Schicksal eines Volkes eingehüllt ruht das Schöpfungsband selbst. Es führt vom Vergangenen in alles Künftige hinaus, pulsend von lebendigem Blut durch die Reihe der Geschlechter von Vater zum Sohn. Es verknüpft in Vaterschaft und Sohnschaft einem Volkstum die unersetzbare Kostbarkeit der Gegenwart des Schöpfers. Volk aber ohne Vater trägt den fluchwürdigen Namen des Proles, des vaterlosen, namenlosen „Spröß-

---

[a] Gestrichen: völkischen Union; handschriftlich ergänzt: Aufhebung dieser Schranke.

[b] Gestrichen: Graf Reventlow; handschriftlich ergänzt: der „Reichswart" des Grafen Reventlow.

[c] Ergänzt: genau.

[d] Ergänzt: völkischen.

[e] Gestrichen: ist; ergänzt: muß man.

lings". Und Volk ohne Schicksal, ohne geschichtliches Erbe, ohne Seele und ohne Charakter, herausgebrochen aus der Wurzel, *die es selbst nicht setzte, die ihm gnädig gesetzt ward, ist Masse*. Erst da, wo aus Volk proletarische Masse ward, hat das religiöse Kollektiv den gefügigen Stoff, den allein es formen kann. Politische Religion muß notwendiger Weise auf das Seelenkollektiv hinauskommen. Dafür ist Beispiel ebensowohl Rom in übernationaler, wie Moskau in nationaler Form. Wobei das besondere Verhängnis darin liegt, daß die politische Religion durch „völkische" Union das „Volk" zerbricht in Richtung auf die Masse hin. In der Zermürbung der personalen Grundzelle des Glaubens forciert sie den Vermassungsvorgang, denn „Volk" ist, solange noch die Person in ihm Raum hat. Denn die Person allein ist es, die sich von Gott noch ansprechen läßt, weil in ihr allein noch eine Spur von „Bild und Odem" dessen lebt, der zu ihr spricht.

In einem ungeheuren Kampfe liegen bei uns die beiden Schicksale noch ineinander, die Volk und Masse, Staat und Kollektiv, Mensch und Ameise heißen. In diesem Kampf aber gilt dies: *In der völkischen Union fällt die Entscheidung für die Masse wider das Volk. Ihre „Kirche" kann nur religiöses Kollektiv sein.*

Gott hört dort auf, vernehmbar zu sein, wo der Mensch aufgehört hat, Person zu sein. Es wird hier nicht gesagt, daß Gott der Person vernehmbar *ist*. Es wird hier nur gesagt, daß er ihr vernehmbar sein *kann*. Person ist nur die Möglichkeit, nicht die Gewißheit, Gott zu vernehmen. Aber auch nur als Möglichkeit, Gott hören zu können, ist das Personsein eine unersetzliche Kostbarkeit. Wo aber das Person-sein-dürfen aufhört, da hört auch das Volk-sein-dürfen auf. Da beginnt der Verfall in Masse. Dort aber, wo Volk als Personengemeinschaft stirbt, dort verlischt auch die Hörbereitschaft eines Volkes für Gottes Stimme. Der Mensch hat seine Freiheit verloren. Er kann jetzt nicht mehr hören-wollen. Anstelle des Hören-wollens, ja des Hören-könnens tritt jetzt die Besessenheit. Während das Volk schon nach dem Gesetz des Ursprungs aus dem Vater aus Personen sich frei erbaut, wird die Masse, die personlos, will sagen Vakuum ist, vom Dämon besessen gehalten. Sie hört auf den Dämon jetzt, ja, sie *ge*hört ihm jetzt.

Daß unserem Volk das Verhältnis „Christentum und Politik" zur Frage wurde, beweist, daß sein Volkstum bereits mitten in der Gefahr ist, Masse zu werden. Es ist Masse, die wieder Volk werden will. Nichts zeigt diesen Aufbruch, dieses Auf-dem-Wege-sein genauer an, als jener Vorgang des Gottes Stimme wohl noch Vernehmen-*wollens*, aber nicht mehr *-können*s.

Man spürt wohl, daß Volk und Evangelium zueinanderkommen müssen, aber man weiß nicht mehr, wie das zugeht, daß sie zueinander kommen.

Dieser Zerfall[a] von Volk in Masse ist tödlich. Er ist tödlich, weil die Geschöpflichkeit, deren Zeichen die Person ist, selbst zerfällt. Während nun aber allein der Schöpfer die zerfallende Geschöpflichkeit heilen kann, stürmt der Mensch von allen Seiten her auf seinem eigenen Wege auf die Unglücksstelle zu, um selber zu machen, was er nicht machen kann. Dieser Eifer ist[b] verständlich, denn es geht um das Lebensgeschenk selbst. Er führt jedoch nur tiefer in den Zerfall, ja, ist selbst nur ein Ausdruck dieses Zerfalls. Man *fordert* die Verbindung „Volk und Gott", und sie wird zum Schlagwort. Man *beweist* sie und macht eine Theorie daraus. Man *begründet* sie und bezeugt damit, daß ihr der rechte Grund mangle. Man *propagiert* sie und überwältigt den Glauben, der aus Gott ist, durch den Willen, der aus dem Menschen ist. Alles, was dieser Eifer nämlich ausrichtet, vollzieht sich in einer Ebene, der die Wirklichkeit mangelt. Man operiert in einer Scheinwelt, in der sich das furchtbarste Wort der *wirklichen* Welt, das Wort Sünde, von unserer Feigheit und Beschränktheit verharmlosen oder ganz unterschlagen läßt. Auch im Paradies ist der Mensch von Gott unterschieden. Unterschieden so wie Kind und Vater unterschieden sind, um Kind und Vater zueinander sein zu können. Nur das Ungeborene ist mit der Mutter Eines. Das Unterschiedensein ist das Geheimnis geschöpflicher Gemeinschaft. Sie läßt jedes Wesen Person sein und erhält ihm im Abstand den Adel des Freien. Aber wir sind nicht mehr im Paradies. Wir sind draußen vor dem Paradiesestor. Es bleibt uns nur die eine Möglichkeit, uns die Seele durch den Geist[c] zu berauschen, um das nicht sehen zu müssen. In der ehrlichen Stunde weiß der Mutige[d] sehr wohl warum. Wir erinnern uns nicht nur des verlorenen Lebens. Wir tragen den Tod am eigenen lebenden Leibe durch die Welt.[e]

---

[a] Gestrichen: unleserlich.

[b] Gestrichen: edel und.

[c] Gestrichen: von Zeit zu Zeit; handschriftlich ergänzt: durch den Geist.

[d] Gestrichen: Wir sind jetzt vom Geist geschieden, wie der verlorene Sohn vom Vaterhaus geschieden war. Nicht für immer. Er kann heim zu jeder Stunde. Aber *wie* er das kann, er, der Ehrlose, *wie* er den Weg zurückfindet vom Schweinehüten bei dem Fremden zum Vater daheim, das ist die Frage. Wir wissen; handschriftlich ergänzt: In … Mutige.

[e] Handschriftlich ergänzt: durch die Welt.

Wir beginnen jetzt im *Bewußtsein* zu suchen, was wir in der *Wirklichkeit* nicht mehr haben. Das Bewußtsein gleicht einer Reihe von Spiegeln, die in einem Kreis aufgestellt sind und über die weg in der „Reflexion" das Bild hinter seinem Gegenbild rastlos herjagt, ohne es je zu erreichen und sich mit ihm zur ursprünglichen Einheit des leibhaften Lebens wieder verbinden zu können. Das ist das Gespenstern des verlorenen Paradieses in der dialektischen Scheinwelt des Intellekts.

Es ist der Vorgang, der sich in der „Politischen Theologie" abspielt. Denn die politische Religion hat auch ihre Theorie. Die Zwangseinheit zwischen Gott und Mensch wird in ihr theoretisch vollzogen. Theoretisch – denn der Vollzugsraum ihrer „Tat" bleibt[a] das Bewußtsein. Als[b] Kunst der Einbildung ist sie Intellektualismus reinster Art. Denn der Intellektualismus ist die Technik der Betörung des Willens, die ausgedachten Dinge für wirkliche zu halten.[viii]

[c]Die[d] Verknüpfung, die konstruktiv durch Wille und Intellekt zustande kommt, entstammt[e] bereits dem großstädtischen Massendenken,[f] in dem[g] nicht mehr gemerkt wird, daß es[h] ja nur Phantome sind, die man ineinander „verwurzeln" will, nicht aber der lebendige Gott und der wirkliche Mensch.

Der Raum, in dem jener intellektuelle Wille seinen Auslauf sucht, ist nicht der gefahrenschwangere Raum der wahren Wirklichkeit. Er ist der Scheinraum der ausgedachten und gewollten Dinge.[i] Er ist eine Konstruktion und mit ihm alles, was in ihm geschieht. Wir nennen solches Unterfangen kurz „Konstruktivismus".

---

[a] Gestrichen: ist; ergänzt: bleibt.

[b] Gestrichen: In diese; ergänzt: Als.

[c] Gestrichen: In Entstehung der Masse heute sich als Norm schweigend unterschiebt.

[d] Gestrichen: Denn jene; handschriftlich ergänzt: Die.

[e] Gestrichen: offenbar.

[f] Gestrichen: in dessen zersetzter Aufgeklärtheit das besondere Walten des menschensuchenden Gottes, das in der Unheimlichkeit der Tatsache „Sünde" gründet, nicht mehr glaubhaft ist.

[g] Gestrichen: zugleich aber auch.

[h] Gestrichen: in jener Propaganda.

[i] Handschriftlich ergänzt: Er … Dinge.

Wir wenden uns jetzt der Beschreibung dieses Konstruktivismus zu und unterscheiden eine theoretische und eine praktische Form[a]: den theologischen und den politischen Konstruktivismus.

Der *politische* Konstruktivismus erzeugt und erhält die Einheit von „Volk und Gott“, von „Reich und Kirche“ durch die Technik der Macht[b]. Seine Technik entspricht bereits dem maschinalen Charakter des Wesens „Masse“. Sie ist angelegt auf die Masse hin, und wo noch nicht Masse ist, wirkt sie zwangsläufig die Entstehung von Masse. Er funktioniert am sichersten da, wo nur noch Masse ist. Das erstorbene[c] Wachstum „Volk“ wird dann ersetzt durch den technischen Prozeß der Organisation. Alle Organe sind künstlich. Maschine ist ja ein Lebewesen mit künstlichen Organen. Masse ist Maschine. Ihre Organisation „funktioniert“, hat Funktionen und Funktionäre. Auch die Seele der Masse ist eine Maschine. Sie kann ein-, aus- und umgeschaltet werden. Der Kraftstrom, der sie bewegt, ist purer, nackter Wille zum Leben. Der Wille ist durch Schaltwerk steuerbar. Denn auch in ihrem Denken „maschiniert“ die Masse. Das „Man“ denkt in ihr. Es denkt, was „man“ tun „muß“, um sich selbst zu behaupten als „Man“. Es[d] quillt mit allem seinem Denken immer wieder aus demselben[e] Grundsatz[f], daß „man“ sich nur behaupten könne als Masse und daß deshalb alles Tun und Denken unter dem Gesetz der Masse maschinal sich vollziehen müsse, also berechenbar, schaltmäßig, konstruktiv, total. Es tut hier nichts zur Sache, daß es Masse in dieser puren Form nicht gibt, selbst im Sowjetland nicht. Es tut auch nichts zur Sache, daß dieses Selbstbewußtsein der Masse als total durchorganisierter Apparat illusionär ist. Masse als Machtkonstruktion ist nicht nur da, sie ist ein neues Weltprinzip, ein neues universales Sozialprinzip[g], das heute alle Völker, gleichgültig ob durch den Industrieprozeß gegangen oder nicht, in einer mächtigen Querschicht horizontal durchlagert, je nur verschieden nach dem Grad der Entwurzelung und Entartung ihrer Volklichkeit. Die Wirksamkeit dieses Prinzips verspüren wir

[a] Gestrichen: zwei Formen; handschriftlich ergänzt: eine theoretische und … Form.

[b] Gestrichen: wie sie sich in der Staatsmaschinerie vollzieht.

[c] Gestrichen: Volk.

[d] Gestrichen: mündet und.

[e] Gestrichen: und in dem; handschriftlich ergänzt: demselben.

[f] Gestrichen: und Endsatz.

[g] Gestrichen: Gesellschafts; handschriftlich ergänzt: Sozial.

direkt im Zusammenstoß mit der Glaubensnot unseres Volkes. Die Vorstellung, die die Massenseele von sich selber hat, ist ja auch machinal. Sie vermag die Überwindung der Glaubensnot auch nur machinal, konstruktiv zu denken.

Der *theologische* Konstruktivismus ist[a] die Theorie zu jenem, der dann unter Ausschaltung aller komplizierter Vorbehalte der Reflexion zur „Tat" schreitet und das ganze Haus der Volksgemeinschaft unter den religiösen Kurzschluß setzt, mit dem der theologische Konstruktivismus gedanklich spielt. Auch er trägt das Zeichen des machinalen Denkens der Massenseele an sich. Denn die Rekonstruktion, die der politische Techniker durch politische Mittel verwirklicht, die führt der politische Theologe intellektuell aus; denn[b] seine gedachte Welt ist ja[c] keine wirkliche Welt.[d] Wehe aber, wo das Wagnis gewagt wird, wo sich der politische Techniker durch den politischen Theologen verführen läßt! Da wird Geschichte verbrecherisch auf den Fallboden der Illusion hinübergespielt.

Da ist zuerst eine Gruppe, die von der persönlichen Frage bewegt ist, wie kann ich als Christ Nationalsozialist sein? Es fehlt hier nicht an halsbrecherischer Denkkunst, mit deren Hilfe ein System[e] an den Himmel projiziert wird, um die beiden Vorstellungskreise[f] zusammenzu„denken". Diese Versuche haben keinen andren Wert als die Selbstbefriedigung des „christlichen" Intellekts. In ihrer Anwendung auf das Leben bringen sie lediglich einen zwischen beidem zerrissenen Halbmenschen zuwege.

Eine andere theologische Gruppe hat den Schwerpunkt ihres Denkens von sich weg in das politische Wesen selbst verlegt. Schon daß sie nicht anmaßlich zwischen beidem schwebend ihre Schwibbogen baut, sondern auf eines[g] gewandt dieses ernst nimmt, ist ein Vorzug. So öffnet sich wenigstens die Möglichkeit, aus der Luftperspektive des „Zwischen" und „Über" den Dingen herunter auf die Erde zu kommen und als Mensch zu denken, der im Staate ehrlich existiert. Es finden sich hier Ansätze zu einer reli-

---

[a] Gestrichen: ungewollt.

[b] Gestrichen: er bildet sie sich ein. Denn es ist übrig, zu bemerken, daß; handschriftlich ergänzt: denn.

[c] Handschriftlich ergänzt: ist ja.

[d] Gestrichen: ist.

[e] Ergänzt: ein System.

[f] Gestrichen: Gedanklichkeiten; handschriftlich ergänzt: Vorstellungskreise.

[g] Gestrichen: zu.

giösen Staatsphilosophie, die zwar nicht ohne die Lehre der Kirche möglich war, deren ganze Kraft und Wahrheit aber steht und fällt mit dem Verharren-können bei ihrem Gegenstande, der Staat heißt; und im Widerstehenkönnen gegen die Versuchung, sich über den Gegenstand reflektierend zu erheben und vom Staate die illusionäre Bogenkonstruktion zur Kirche hin zu schlagen. Es zeigt sich dann eine Staatsmetaphysik, die des Namens „christlich" entraten kann, deren wesenhafte Wahrheit aber in der Erkenntnis der zerstörenden Macht des Bösen in der geschichtlichen Welt besteht und in der Sendung des Staates, die höchste Kostbarkeit der irdischen Schöpfung, den Menschen, zu bewahren und das in ihm beschlossene Geheimnis, dessen Name „Leben" ist, im Trotzen gegen die Todesmächte zu entfalten. Die äußerste Grenze, die solchem Wirken sich öffnet, wird bezeichnet einmal durch die tragische Einsicht in die Preisgegebenheit der Kreatur an das Todesverhängnis. Zum anderen aber in der Gottes-Frage, die danach als Letztes im Kampf der Kreatur wider das Todesverhängnis aufbrechen kann. Das aber ist das Äußerste. Jeder Versuch, vom politischen Wesen auf das Evangelium zu schlußfolgern, führt zu Konstruktionen, die mit der Realität der Dinge nichts mehr zu tun haben. Es führt aus der heidnischen wie aus der jüdischen Welt kein menschlicher Weg in den Gottes-Staat der christlichen Verheißung.[a]

Endlich ist jene Gruppe zu erwähnen, die dem politischen Wesen die Dienste des Evangeliums als unentbehrlich zu erweisen versucht. Man will, so drückt man sich aus, das politische Wesen[b] vom Evangelium her „untermauern". Es scheint hier die Vorstellung zu bestehen, daß der Staat, um im Bild zu bleiben, morsche Grundmauern habe[c] und das Evangelium eine Art Bindemasse sei, die man in das Fundament eingießt. Es soll hier kein Bild gepreßt werden. Aber das eine geht aus allen Überlegungen dieser Gruppe hervor, daß *der Staat es nötig habe*, ja daß er ohne die „letzte" Rechtfertigung im „Religiösen", ohne die „Gründung" im „Göttlichen" nicht werde bestehen können. Dieses Fundamentum aeternum aber, so erbietet sich diese Gruppe, sei sie ihm mit Hilfe des Christentums zu legen befähigt.

Was hier geschieht, ist ein Doppeltes. Zuerst wird die Ehre des Staates angetastet. Und dann wird das Evangelium in sein Gegenteil verkehrt. In

---

[a] Handschriftlich ergänzt: der christlichen Verheißung.

[b] Gestrichen: die Bewegung; handschriftlich ergänzt: das politische Wesen.

[c] Gestrichen: oder auf Sumpfboden stehe.

diesem Doppelverbrechen gegen Mensch und Gott bezeugt sich die Spaltung, in der der Moderne heute lebt. Er lebt mit seinem Leibe in der wirklichen Welt, mit seinem Bewußtsein aber in einer erdachten Welt. Durch den Willen sucht er unaufhörlich aus der erdachten Welt her in die wirkliche Welt hineinzuwirken. Und zwar im Sinne der Eroberung der wirklichen Welt durch die erdachte Welt. Die erdachte Welt ist ihm eine Art Götterhimmel, von dem aus er die wirkliche Welt zu unterwerfen, zu verwandeln und zu meistern vermeint. Er vermeint, solches wollen zu können, weil die wirkliche Welt sich[a] ihm von seiner erdachten Welt her als nicht wirkliche darstellen muß. So löst er von seiner erdachten Welt her auch noch die wirkliche Welt auf. Er lebt jetzt in zwei Welten, von denen die eine nicht wirklich ist, die andere aber[b] wirklich zu sein aufhört. Nur so ist die Vermessenheit verständlich, mit der er dem Staat seine Ehre nimmt und dem Evangelium seine Wahrheit. Sie haben beide für ihn das Gewicht und die Härte von Wirklichkeiten verloren. Sie sind beide nur noch Gedanklichkeiten, die dem Baumeisterwillen des Bewußtseins verfügbar sind. Anders wäre es ihm nicht möglich, mit dem wirklichen Menschen und dem wirklichen Gott sein Spiel zu treiben, wie ein Knabe mit den Teilen eines Konstruktionsbaukastens. Hier wird die wirkliche Welt der Leiber aufgelöst und in einer Scheinwelt der Ideen neu zusammengebaut.

Er ist das Prinzip des Nihilismus. Er beruht auf der Ehrfurchtslosigkeit vor der wahren Wirklichkeit des Menschen und auf der Feigheit, Gottes Wahrheit in seiner Offenbarung anzuhören. Er ist die Lüge als Prinzip der Gott-losen Welt. Nihilismus und Construktivismus gehören zusammen, wie Masse und Maschinismus zusammen gehört.[c]

Die Überwindung der politischen Religion

Wo es um die Überwindung der politischen Religion geht, sind drei Dinge zu bedenken.

Die Größe der Gefahr, die sie umschließt, muß schleierlos erkannt sein. Sodann muß erkannt sein, daß vom Kampfe wider sie nicht geredet wer-

[a] Handschriftlich ergänzt: sich.

[b] Handschriftlich ergänzt: aber.

[c] Gestrichen: wie der Knall zum luftleeren Raum.

den kann, ohne die klare Erkenntnis von der Aufgabe[a] des Staates. Denn die politische Religion setzt nicht Gott, sondern auch den Staat gefangen. Endlich aber, daß die Überwindung bei Gott selbst liegt und also von uns Menschen allein aus dem Glauben um sie gekämpft werden kann.[b]

Wir umreißen zuerst mit wenigen Strichen noch einmal die Gestalt des Gegners. Wir tun das, indem wir ihn in unserem eigenen Hause zu erkennen[c] suchen.

1.

Aus dem Petrinismus wuchs der Leninismus. Erst wird Gott gefangen gesetzt von Menschen, dann mißbraucht und schließlich gekreuzigt.[d] Das ist das wahre Antlitz der politischen Religion. Ihr Gesetz bleibt[e] das gleiche, zusammen mit der eisernen Zwangskraft ihres Fluches. Ein Volk, das seinen Dienst in solcher Lage[f] nicht erfüllt, wird verworfen. Denn in der Geschichte, in der die Theologik der göttlichen Liebe geheimnisvoll regiert, gilt nur der Dienst.[g]

3.

War die politische Religion die vermessene Überschreitung jener Grenze, so ist der Glaube die Macht, die sie öffnet. Daher geschieht es, daß gerade in jener Gestalt des Christentums, die protestantisch heißt, das sola fide den Schwerpunkt des christlichen Lebens enthält.[h] Denn der Glaube ist nichts anderes als der auf Erden gegenwärtige Gott selbst.

[a] Gestrichen: Inpflichtnahme; handschriftlich ergänzt: die klare Erkenntnis von der Aufgabe.

[b] Gestrichen: erkämpft wird; handschriftlich ergänzt: um sie gekämpft werden kann.

[c] Gestrichen: fassen; handschriftlich ergänzt: erkennen.

[d] Gestrichen: ermordet; handschriftlich ergänzt: gekreuzigt.

[e] Gestrichen: immer.

[f] Gestrichen: dieser Welt.

[g] Handschriftlich ergänzt: Denn … Dienst.

[h] Gestrichen: umfängt; handschriftlich ergänzt: enthält.

Damit sind wir zum Kern unserer Sache vorgedrungen, nämlich wie es in Wahrheit zugehe, daß das Evangelium zum Volk, das göttliche Wort zum politischen Menschen auch wirklich komme.[a]
In der Person selbst, im Geschöpf selbst geschieht es, im Menschen selbst, der im gelebten Leben ineinandergezeugt und ineinandergeboren den „politischen Menschen" samt dem „Christen" *lebt.*

Der Staatsmann braucht nicht Christ zu sein, um ein guter Staatsmann zu sein. Dazu hilft ihm der Genius kräftiger. Auch kann ohne Evangelium sein Dienst ein Gottesdienst im Sinn alttestamentarischer oder heidnischer Religion sein. Aber das gerade gehört zum Wesen des Christentums, daß das Evangelium in *Freiheit dem Freien* sich anbietet. Und das ist der Punkt, wo das Christentum aufhört, Religion zu sein, wo es sich ständig selbst überwindet als Religion, wenn anders das Leben der Ewigkeit in ihm gegenwärtig wirkt.

Wo Religion ist im menschlichen Verstande, da hat sie ihren Ort in einer Ordnung menschlicher Zwecke. Da kann man sagen, „das Volk brauche Religion" und „ohne Religion gehe jeder Staat zugrunde". Aber da, wo immer aus der christlichen „Religion" das Evangelium, welches der Name ist für das Wort Gottes, hervorbricht, da bietet es sich an, *jenseits der Ordnung diesseitiger Zwecke*. Es bietet sich so an, daß der Freie in seiner Freiheit ungefangen bleibe, daß er frei empfange, was ihm frei gegeben wird. Darum ist das Evangelium fremd allem Zwecke. Es kann zu nichts gebraucht werden, es dient keiner praktischen Verwendung. Es ist immer[b] unzweckmäßig. Es ist zu allen Zeiten[c] unzeitgemäß. Es hat keinen Sinn bei sich, auf das sich ein Kalkül des Meisters Klügel vorteilstüchtig werfen könnte. Gott respektiert, indem er sein Geschöpf anredet, den höchsten Adel, der den Menschen als sein Kind zeichnet: den Adel der Freiheit. Das Evangelium kommt zu uns jenseits jeder Zweckordnung. Unanrührbar bleibt es durch die Gewinnchancen jedweden Handelns. Der Staatsmann, der Christ wird, kann es nur frei werden, keine Lockung beraubt ihn seines freien Entscheids. Nichts gibt es hier einzuhandeln. *Es sei denn das Kreuz*. Das ist es, was Luthers Wort meint vom Fürsten, der überdies noch Christ ist: das Kreuz werde solchem Vornehmen bald auf dem Hals liegen. Es liegt sol-

[a] Gestrichen: und die Verwandlung wirke, die, sei es des Willens, sei es der Vernunft, ausschließt.

[b] Handschriftlich ergänzt: immer.

[c] Handschriftlich ergänzt: zu allen Zeiten.

chem Vornehmen auf dem Halse, damit nicht um Zweck und Lohnes willen, sondern frei empfangen werde, was ewige Liebe heißt.
Frei empfangen wir, was frei gegeben ward. Denn Liebe ist das Gesetz der[a] Freiheit Gottes. Denn die Freiheit Gottes ist nichts anderes als die Freiheit, ein vollkommen[b] Liebender zu sein. Und „Geheimnis" und „Wunder" ist nur ein anderes Wort für die Freiheit des Schöpfers, der nicht ruht, sondern waltet. Darum, um dieser Freiheit des göttlich[c] Liebenden willen, muß es Geheimnis und Wunder bleiben, wie es geschieht, daß sein Wort in uns den Glauben wirkt. Wer Gott dieses Walten bestreitet, der leugnet ihn. Denn wenn *Er ist*, kann er nur *so* walten. Wir möchten uns seines Waltens bemächtigen, wir möchten uns vor ihm sichern und ihn zwingen, zu walten in dem Zwangslauf der Maschine, in der wir unsere Welt sicherten. Wir möchten Gott über das Stromsystem leiten, das wir konstruierten, an den Ort, den wir bestimmten zu dem Zwecke, um des willen „es uns lohnt". Denn wir sind durch und durch Berechnung, sind Meister des Kalküls, wo auch[d] immer wir nur ein Häärlein auf dem Pelz haben. Wir stellen alles, Gott und Teufel, [e]Engel und Dämonen, Werte und Unwerte unter die eine Haupt- und Schlußfrage: ob es sich wohl rentiere. Aber unter dem Evangelium gilt keine Lohnordnung, zu allerletzt zwischen Volk und Gott. Nur seinen Abgott fragt ein Volk, wie er ihm das dargebrachte Opfer lohne. Die Ordnung, unter die das Evangelium ein Volk und seinen Staat vor Gott stellt, ist die Ordnung der Freiheit, die Wagnis ist; nicht aber[f] der Knechtschaft, die Sicherheit bietet und um die es sich verlohnte. Denn der Gott des Evangeliums ist der lebendige Gott. Darum schließt es das Wesen des Christentums aus, daß der Mensch sich Gottes durch seine klug berechneten Konstruktionen bemächtige. Es schließt aus, daß „es sich verlohnt habe". Darin ist es hart bis zur Verwerfung: „Gehe von mir hinaus! Ich kenne dich nicht".

Dieser Ausschluß des Lohngedankens gehört entscheidend zum Wesen des Evangeliums. Gerade dort, wo es sich verlohnen könne, Christ zu wer-

---

[a] Gestrichen: nur ein anderes Wort für; handschriftlich ergänzt: das Gesetz der.

[b] Gestrichen: vollkommener; handschriftlich ergänzt: vollkommen.

[c] Gestrichen: göttlichen; handschriftlich ergänzt: göttlich.

[d] Ergänzt: auch.

[e] Gestrichen: unleserlich.

[f] Handschriftlich ergänzt: aber.

den, steht das Kreuz von Golgatha. Seine Abschreckungskraft allen denen gegenüber, die leben und denken vom Lohn her, ist von durchschlagender Wirkung. Ja, indem es abschreckt, entlarvt es zugleich erbarmungslos alle, die auf ihre Leistung pochend Lohn verlangen oder die, um eine Leistung zu vollbringen, Vorschuß heischten, auf ihrem „Wege zur Religion". Hier wird das Wort Sünde zum großen Bürgerschreck der liberalen Religion. Denn es fährt mit schlechthin vernichtender Wirkung in das Lohn- und Leistungssystem. Um dieses Wortes willen geschieht es, daß der im Lohnsystem gefangene Leistungsmoralist[a] fluchtartig kehrt macht vor dem Kreuz.

Wo auch nur der leiseste Schimmer, daß es sich lohnen könne, noch lockt, da entscheiden wir uns nicht frei. Da sind wir im Banne einer Berechnung, da sind wir Lohnknechte. Das Kreuz aber ist eine Torheit, an der wir uns ärgern. Es schreckt uns ab. Wenn wir uns aber trotzdem für das Kreuz entscheiden, dann erst haben wir als Freie gehandelt. So wirkt es das Kreuz als seine erste Frucht, das wir erlöst werden aus dem auf keine andere Weise zerreißbaren Netz des Lohnsystems, in das wir Menschen durch die Ordnung der Zwecke notwendig und sinnvoll hineingebunden sind und jenseits des Kreuzes für diese Erdenheit[b] hineingebunden bleiben. Es ist so, daß das Reich Gottes schon mitten unter uns ist, aber als Kreuz. Das Fluchholz ist der Lebensbaum mitten in der Welt. Die Lebensfrucht aber ist freie Gabe an den frei Empfangenden. Darum geschieht es, daß der Lebensbaum als *Kreuz* unter uns ist. Das Kreuz läßt jede berechnete Stillung unserer Süchte zur Lästerung werden. An seinem Fuße, unter den Augen des Gekreuzigten, der in der mannhaften[c] Wehrlosigkeit der ewigen Liebe das Reich seines Vaters gegen unseren räuberischen Zugriff verteidigt, endet das Reich unseres menschlichen Kalküls. Der Geißel seiner Knechtschaft entronnen, stehen wir unter dem Kreuz in der Freiheit. Das Kreuz stellt die Ehre des „Bildes Gottes" wieder her, das wir waren, das wir[d] werden.

Das also gilt: Gott kommt zum Menschen nicht in der Lohnordnung, sondern jenseits ihrer. Er kommt zu ihm – wenn er überhaupt zu ihm

[a] Handschriftlich ergänzt: Leistungsmoralist.

[b] Handschriftlich ergänzt: für diese Erdenheit.

[c] Handschriftlich ergänzt: mannhaften.

[d] Gestrichen: und; handschriftlich ergänzt: das wir.

kommt – in der Freiheit. Der Konstruktivismus bleibt schlechterdings diesseits, ist stärkster Ausdruck der Lohnknechtschaft.[a]

Die Ordnung aber, in der der freie Gott wirkt, heißt *Schöpfung*. Das besagt ja schon, daß diese Ordnung für uns nicht auskundbar, berechenbar und ausnutzbar ist. Unsere Hilflosigkeit dem freien Walten gegenüber, das Schöpfung heißt, dokumentieren wir uns durch das Wort „Wunder". Ungeachtet der[b] Verlegenheitsfloskel dieses Wortes – in dieser Ordnung allein geschieht es, daß Gott Glaube schafft. Denn Glaube ist der zum Menschen kommende Gott.

Vom Wachstum ist das Gleichnis genommen, das uns lehrt, wie es geschieht, daß im Menschen Glauben wird. Immer wieder gibt Christus das Eine Gleichnis von dem Saatkorn, das auf den Acker fällt und aufersteht. Höret zu! Es ging ein Sämann aus zu säen. Und er sät aus. Schläft und steht auf, Nacht wie Tag. Der Same aber geht auf und wächst, *ohne daß der Sämann davon weiß. Denn die Erde bringt von selbst* den Halm, darnach die Ähren, darnach den vollen Weizen. Unscheinbar ist der Same, der unscheinbarste von allen Arten, ein Senfkornsame. Und wird ein Baum, also, daß die Vögel unter seinem Schatten wohnen können. Verborgen geht es zu, wie ein Weib, die Hefe verbirgt unter drei Scheffeln Mehl, bis es ganz durchsäuert war. Es keimt, es[c] gärt, es wächst; unter dem Mehl, zum Teige gemischt; im Ackerschoß verborgen, der heilig heißt um dieses Geheimnisses willen. Da kommt es nur auf das Eine an, daß das Saatgut trocken bleibe, trocken und hart, bis zur Aussaat. Oben unter dem Dach in der Kammer, soweit vom feuchten Erdboden wie möglich entfernt, wird es gelagert. Sorglich wird es umgeschüttet von Zeit zu Zeit, damit es sich durch und durch trocken halte. Denn trocken muß es sein, wenn es kräftig keimen soll, durstig nach der Feuchte, von der die Scholle schwanger ist. Saat, die gärig wird schon vor der Aussaat, treibt taube Keime, die dann am Lichte oben in der Sonne verdursten. Denn dem Acker allein hat der Schöpfer das Geheimnis, den Keim zu nähren, verliehen.

Der Same aber ist das Wort. Der Acker aber sind die Menschen. Daß der Prediger sein Saatgut trocken halte! Daß er nur einen Gedanken habe! Daß er das Evangelium lauter und rein halte. Salz muß beißen, wenn es gut ist.

---

[a] Gestrichen: zugleich ist es eine Technik der gemeinsamen Interessen nach dem Satz, daß eine Hand die andere wasche.

[b] Gestrichen: dieser; handschriftlich ergänzt: der.

[c] Gestrichen: unleserlich.

Was ist das für eine Liebe, die dem[a] Nächsten Sand unter das Salz mischt, damit es nicht so beiße! Was ist das für ein toller Eifer, der vorher das Saatgut schon ankeimt, bevor es das Geheimnis der Finsternis unter der Scholle kennen lernt! Es ist ja das Geheimnis seiner Auferstehung! Das Wort Gottes läßt sich durch keine Technik „überholen", etwa durch „politische Religion" für den politischen Menschen. Wir sind schlechte Sämänner, wenn wir mit dem Korn verfahren wie ein Brauer. Wer sich an der Saat vergreift, der Erde ihren Anteil nimmt und am jungfraulichen Samen durch Künste den Keim schon über der Erde weckt, der wird die Kraft des Korns in einen Gärtrank verwandeln, der berauscht, nicht aber in Brot, das Hunger stillt.

Der Acker sind wir, wer wir auch seien. Das Wort kommt zu uns, wer wir auch seien. Das Wort kommt zu uns, den politischen Menschen der politischen Zeit. Es will Frucht bringen in uns, so wie wir sind, in uns, den politischen Menschen.

Der Mensch ist wirklich der Ackerboden. Er hat dieselbe Fähigkeit von Gott empfangen wie der Acker: mit dem Samen zusammen der Ort zu sein, an dem *allein* sich das Schöpfungswunder des Glaubens vollzieht. Hier wird jetzt *Eines*[b], was vorher geschieden war, was geschieden sein *mußte,* um neue Geburt zu geben. Der Mensch ist wirklich der Schoß, der empfangen kann und der gebären kann. Gerade er, und er allein. Daran hat sich Christus gebunden, an diesen Schoß. Anders wird Christus nicht geboren. Christus und der politische Mensch kommen nicht anders zueinander, als wie das Saatkorn zum Acker kommt.

Hier ist die Wirklichkeit, in der zusammengebunden wird, was in der[c] Bewußtheit[d], in der Theologie getrennt sein muß, um überhaupt zu sein und uns vor Augen zu treten. Und zwar zusammengebunden in jenem Geheimnis von Zeugung und Frucht, das an die Lebensquelle selbst mit ihrem unberührbar[e] tief verborgenen Brunnen angeschlossen ist.

Es muß so sein. Was gedacht geschieden ist und ausgesprochen erst recht geschieden bleibt, schlägt nur im Leben ineinander und wird Flamme. Man kann das nicht erklären, wie man auch Wurzel und Wachstum

---

[a] Gestrichen: der seinem; handschriftlich ergänzt: die dem.

[b] Gestrichen: und wird ein *Neues*.

[c] Gestrichen: im; handschriftlich ergänzt: in der.

[d] Gestrichen: Bewußtsein; handschriftlich ergänzt: Bewußtheit.

[e] Gestrichen: unerreichbar; handschriftlich ergänzt: unberührbar.

nicht erklären kann. Aber es gilt, weil es so ist. Es gilt schlechthin, wie auch die Ordnung von Wurzel und Wachstum gilt schlechthin. Beidemal ist es der Schöpfer selbst[a], der wirkt.

Dazu tun können wir, was auch die Erde dazu tut: aufnehmen mit Freuden. Mit Freuden! Denn es gibt keine größere Freude, als wenn die dumpfe unerlöste Erde, voll bis zum Springen von verzauberten Kräften, entbunden wird zur Schöpfung und durch das Saatkorn hervortreiben darf an das Licht der Sonne alles, was in ihr steckt, in dem Wunder des Halmes, der Frucht trägt hundertfältig.

Darum kann Luther sagen, daß zwar ein christlicher Fürst ein seltsames Ding sei, daß aber vor allen anderen den Christen in der Welt das Amt der Regierung gebühre. Denn sie *sind* die „neue Kreatur", die das „neue Leben" leben muß. Man kann jetzt sagen: muß, ob sie will oder nicht.

Wir müssen heute ganz sein, was wir sind. Ein ganzer Deutscher und ganz Christ sein, das kann man nicht auf intellektuellem Wege zustande bringen. Das müssen wir auf Gott selbst abstellen, auf seine Schöpfermacht, die aus beiden den Glaubensmenschen erschafft.

Das müssen wir wagen und draufankommen lassen und nach den Früchten schauen, die im harten Kampf des täglichen Lebens aus dem Glauben wachsen. Niemand kann dem Saatkorn in seine Ordnung reden und niemand kann dem Acker in die seine reden. Niemand kann diese beiden Ordnungen umkehren, die wie die Hände zweier Liebenden ineinandergreifen: Acker bleibe Acker, Mensch bleibe Mensch, Saatkorn aber bleibe das Wort. In dieser ewigen Ordnung, die wir heilig nennen müssen, geschieht es, daß der lebendige Gott zum lebendigen Volk kommt. In ihr allein geschieht es, wenn überhaupt es geschieht.

Schlußbemerkung

Wir sind am Schluß[b] dieser Schrift. Keinem andren Zweck möchte sie ehrlicher[c] gedient haben als der Aufdeckung der tödlichen Gefahr, die hinter dem Versuch einer Glaubenseinung vom Fremden her lauert. Nicht Gesetz

---

[a] Handschriftlich ergänzt: selbst.

[b] Gestrichen: des ersten Teiles.

[c] Gestrichen: er aufrichtiger; handschriftlich ergänzt: sie ehrlicher.

und Macht überwindet die deutsche Glaubensnot. Sie ist Mangel an Glauben. Darum überwindet sie nur ein Mehr an Glauben. Am Glauben hängt es, am „Glauben allein". Darum mußte die Gottesordnung gezeigt werden, in der politischer Mensch und Evangelium einander begegnen und aus dem Saatkorn Wort der Glaube keimt.

Das Forschen nach dem Geheimnis, aus dem der Glaube entspringt, hat uns zugleich unmittelbar an die zentrale Verknotung der Hauptmächte unseres geschichtlichen Schicksals herangeführt. Ganz eigentlich hier, in diesem Anblick wird uns die unermeßliche Kostbarkeit, die Glaube heißt, unauslöschbar eindrücklich. Denn die Gefahr, der wir zutreiben mit einer Lösung der deutschen Glaubensnot[a], die nicht aus dem Glauben kommt, sondern aus dem, was ihm fremd ist, empfängt ihren apokalyptischen Charakter durch das Heraufkommen des Massenmenschen in der ganzen Völkerwelt. Er ist ein Zeichen der Zeit von einer noch nie erschienenen Drohkraft. In einem leidenschaftlichen Ansturm haben wir den Bolschewismus als die gefährlichste, weil die entwickeltste Formation dieses neuen Weltprinzipes bei uns niedergeworfen. Leider aber ist bei uns Heutigen der Einblick in die dämonische Seite der Geschichte noch überaus unzulänglich und damit die Bereitschaft, mit der ungeahnten Verwandlungsfähigkeit und der unberechenbaren Kraftentfaltung solcher Bewegungen entschlossen zu rechnen. Sie nehmen ihren Sitz im edelsten Teil des Menschen, den wir Seele nennen. Von ihr her geben sie sich die Gestalt seelischer Mächte. Von der Seele her gestalten sie die geschichtliche Welt. Wie oft auch immer in ihren äußeren Formen bis zur Vernichtung ausgelöscht, mit schöpferischer Erfindungsgabe brechen sie immer von neuem aus der Unangreifbarkeit hervor, die ihnen die Seele des Menschen gewährt.

Erst im aufgedeckten Angesicht der Macht der Finsternis, der „Welt voll Teufel" tritt das sola fide hervor als der Weg zum Leben. Das macht, weil der Glaube nichts anderes ist als der in diese Menschenwelt hereinbrechende Gott selbst.

Ich glaube! Das heißt: Er bricht auch herein in mein Volk. Er allein, der Masse wieder umschafft, daß es Volk sei, weil es wieder Personen schafft, die Menschen sind und seine Stimme hören können.

Ich glaube an Gott den Schöpfer! Das Sätzlein lernen wir heute ganz neu als große Kostbarkeit des Glaubens buchstabieren. Denn wir sind dabei,

---

[a] Gestrichen: Glaubensspaltung; handschriftlich ergänzt: Glaubensnot.

ihn zu verlieren! Man kann aufhören, Geschöpf zu sein! Das ist das furchtbare Geheimnis unseres Geschlechts. So tief ist sein Verfall. Wir sind dabei, aufzuhören, Geschöpf zu sein. Wir sind dabei, die eigenen Wurzeln aufzugraben und ihr Keimherz in der überwachen Helle unserer Selbstbewußtheit, Selbstbeobachtung und Selbstverliebtheit zu töten; dann aber aus der versehrten Wurzel herauszubrechen und uns vermessen brüstend in die Einsamkeit unserer stolzen Gottverlassenheit hinauszustürzen.

Glaube ist der mitten im Verfall gegenwärtige Schöpfer selbst.

Anhang: Das hugenottische Zeichen im deutschen Raum[a]

Im Jahre 1935 hat sich die Aufhebung des Ediktes von Nantes zum 250 mal gejährt. Die Jubiläen hugenottischer Gemeinden und Ortsstiftungen hin und her im Lande erinnern gegenwärtig an die Flucht des evangelischen Franzosen aus ihrem Lande, die mit dem Jahre 1685 einsetzt.

Es ist nicht der Sinn[b] dieser Zeilen, die historische Denkwürdigkeit dieser Vorgänge zu feiern oder die hugenottische Glaubenstat zu würdigen. Es ist dies oft genug geschehen und wird in diesem Jahre immer wieder geschehen. Der Sinn dieser Zeilen ist ein anderer. Es geht in ihnen um die Aktualität des hugenottischen Schicksals, um seine Zeichenkraft im deutschen Raum unserer eigenen Gegenwart.[c]

Zwei Tatsachen der hugenottischen Geschichte sind es, die diesem „Zeichen" seine Kraft für uns Heutige geben. Es bedarf zu ihrer Erkennung eines kurzen Blickes auf die französische Reformation.

Sie setzt bereits 1522 ein, und zwar mit einem Erfolg, der das Größte verspricht. Es schien in den ersten Jahrzehnten, zumal nachdem in Calvin ihr großer volkseigener Führer erstanden war, als sollte Frankreich mit Deutschland an die Spitze der religiösen Volksbewegung treten, [d]mit der ein neues Zeitalter sich ankündigte. Über dem tragischen Untergang der Reformation in Frankreich wird diese große Verheißung, die über ihrem

---

[a] Ergänzt: Unveröffentlicht 31.5.75 PS

[b] Gestrichen: Inhalt; ergänzt: Sinn.

[c] Gestrichen: Um so.

[d] Gestrichen: die ein neues Zeitalter.

Anfang lag, fast durchgehends übersehen[a]. Es hat in jenen Zeiten auf der Waage gestanden, ob Frankreich etwa[b] evangelisch werden wollte. Es hat einen Zeitpunkt gegeben, wo selbst das Königtum schwankte, ob es sich nicht der jetzt[c] reformierten Kirche zuwenden sollte.

[d]Die Entscheidung, die dann[e] fällt, sollte für Frankreich und die ganze europäische Völkerwelt von weitreichender Bedeutung werden. Das Königtum[f] entscheidet sich gegen die Reformation.[g] Und zwar aus politischen Gründen.[h] An diesem Punkte setzt in der Geschichte der Hugenotten der Fluch ein, der im Keim den Untergang der Hugenottenkirche, anderthalb Jahrhunderte später unter Ludwig XIV., bereits in sich barg: Die Hugenottenkirche wird zur politischen Partei. In ihr fand der Adel[i] die Volksbewegung, die er brauchte, um seinen Kampf gegen das Königtum auf breiterer Front führen zu können. Welche Gründe für dieses Verhängnis in der[j] Theologie Calvins[k] lagen, welche in der[l] Zwangslage der Verfolgung und welche schließlich dem rein politischen Freiheitskampfe[m] entsprangen, bleibt hier unerörtert. Wie stark gerade auch dieses letztere Moment mitgewirkt haben muß, geht aus einer kleinen Geschichte[n] hervor, die uns jüngst ein[o] französischer Pfarrer evangelischer Confession aus den Cevennen berichtete. Er traf dort einen Nachkommen der alten Camisarden, jener

[a] Gestrichen: Es konnte in jenen Zeiten solche.

[b] Gestrichen: nicht; ergänzt: etwa.

[c] Ergänzt: der jetzt.

[d] Gestrichen: An diesem Punkte setzt das [unleserlich] ein, des im Keim den Untergang der Hugenottenkrise anderthalb Jahrhunderte später, [unleserlich] der Hugenotten [unleserlich] zum ersten Mal für uns heutige mit warnendem Signal auf.

[e] Gestrichen: jetzt; ergänzt: dann.

[f] Gestrichen: Der König; ergänzt: das Königtum.

[g] Gestrichen: der katholischen Kirche.

[h] Gestrichen: Und hier leuchtet Hier leuchtet das hugenottische Zeichen für uns Deutsche von heute zum ersten Mal mit warnender Kraft auf:

[i] Gestrichen: der Gegner des Königtums in Frankreich.

[j] Gestrichen: unleserlich.

[k] Ergänzt: Calvins.

[l] Gestrichen: Not.

[m] Gestrichen: entsprachen.

[n] Gestrichen: einer Bemerkung in; ergänzt: kleinen Geschichte.

[o] Gestrichen: evangelischer.

leidenschaftlichsten Glaubenskämpfer, die Frankreich sah. Er sagte[a], „sie sollen nur kommen, die Katholiken! Da oben auf dem Speicher, da habe ich meine Flinte! Wissen Sie, ich bin nämlich Protestant. *Protestant*,[b] nicht aber Christ".

Diese Entscheidung hat die gesamte Folgegeschichte bestimmt. Sie ist ja bekannt. Bis zum Ende des Jahrhunderts erschüttern die acht[c] Religionskriege das Land. Intrigen, Mord, Meuchelmord und jegliche Gewalttat verstricken beide Parteien in ein unentwirrbares Wirrsal von Schuld. Den Höhepunkt erreicht der Kampf in der furchtbarsten Bluttat der französischen Geschichte, in den Hugenotten[d] Massakern der Bartholomäusnacht.[e] Unter Heinrich IV. öffnet sich noch einmal der Weg. Die Verstrickung des Verhängnisses scheint sich lösen zu wollen. Unter Ludwig XIII. ersteht den evangelischen Franzosen in ihrem hervorragenden Führer, Du Plessis-Mornay, der letzte Warner. Noch einmal[f] scheint ihnen ihre Sendung zurückgegeben, Frankreich aufs neue mit dem Evangelium zu durchchristen. Das aber hieße, die politische Ebene endgültig verlassen.[g] Du Plessis-Mornays Warnung verhallt im Wind. [h]Die Hugenotten bleiben mit dem Adel zusammen die Anti-Kriegspartei. Das Verhängnis nimmt seinen Lauf. Die Macht, die auf der politischen Ebene die Berufene ist und dort das Recht hat, siegt. Ludwig XIV. schlägt die Hugenottenkirche für immer aufs Haupt.

Dieser Lauf der Dinge stimmt zu tiefster Nachdenklichkeit. Sie lenken den Blick auf eine Erscheinung in der Geschichte der Kirche, die im letzten Jahrtausend immer wieder von[i] verhängnisvollster Bedeutung für sie wurde: auf die Erscheinung der politischen Religion innerhalb des Christentums. Ihre Dämonie ist im Spiel bei allen großen Schismen der Kirche. Der mittelalterliche Kampf zwischen Kaiser und Papst ist nicht denkbar[j] ohne

[a] Gestrichen: zu.

[b] Gestrichen: Christ aber.

[c] Gestrichen: neun; ergänzt: acht.

[d] Ergänzt: Hugenotten.

[e] Gestrichen: Was dann unter Heinrich IV. kam – das Edikt von Nantes 1698 – ist im Grunde nur eine Atempause vor dem letzten Waffengang.

[f] Gestrichen: steht vor ihnen.

[g] Gestrichen: Aber unter dem Staat, unter dem sie angetreten, müssen sie die Bahn vollenden.

[h] Gestrichen: Das Volk.

[i] Gestrichen: weittragendster.

[j] Gestrichen: begreifbar; ergänzt: denkbar.

sie.[a] Wo jenes archaische Fragen[b] durch die Völker ging, ob der Kaiser oder der Papst der Antichrist sei, da steht im Hintergrund immer[c] ihr unheimliches Phaenomen. Jene gewaltige Bewegung in der christlichen Völkerwelt, die mit Joachim von Floris († 1201) auf der Höhe des Mittelalters[d] ganz deutlich einsetzt und erst mit dem dreißigjährigen Kriege zu Ende kommt. Jene gewaltige Bewegung zur Reformierung der Kirche ist nicht ohne sie verständlich. Denn der Abfall des Christentums hatte eben in der politische Institution gewordenen Kirche ihre weltgeschichtlichen Zeichen gefunden.

Es gibt nicht Schwierigeres, als die Erscheinung der politischen Religion exakt zu bestimmen. Das ist eben die Dämonie, daß Christus und Antichristus[e] unscheidbar in ihrer Wandelgestalt ineinander überzugehen[f] scheinen. Denn Christus heißt „König“, und sein Reich[g] ist Macht. Er befiehlt uns, nach dem Reich zu trachten, nämlich[h] nach der Königsherrschaft Gottes. „Trachtet zuerst nach dem Gottesreich!“ In diesem „Zuerst“ liegt die Scheidekraft, die die politische Religion vom[i] Gottesreich scheidet. Der Kirche mag wohl „solches alles“, mag wohl Macht und Reichtum „zufallen“, unversehens, unerstrebt, als ein wahrer „Zufall“. Ihres Trachtens Ziel aber ist allein das Gottesreich. Es ist immer wieder in der Geschichte geschehen, daß ihr „solches alles“ zufiel. Ihre Besten haben aber in solcher Lage des „Zufallens“[j] sich immer mit „Fasten und Beten“ gewaffnet[k] gegen jene Dämonie.[l]

In der politischen Religion wird dieses Verhältnis umgekehrt. Das, was nur als ein Zufallendes noch nebenbei mit ein kommt, wird hier zu des

---

[a] Gestrichen: und es hat seinen ~~Stimme~~ Sinn, wenn.

[b] Gestrichen: Murmeln; ergänzt: Fragen.

[c] Gestrichen: jenes.

[d] Gestrichen: bereits.

[e] Gestrichen: scheinbar.

[f] Gestrichen: zu liegen; ergänzt: überzugehen.

[g] Gestrichen: Herrschaft; ergänzt: Reich.

[h] Gestrichen: aber; ergänzt: nämlich.

[i] Gestrichen: unleserlich; ergänzt: vom.

[j] Ergänzt: des „Zufallens“.

[k] Gestrichen: gegeistet.

[l] Gestrichen: Es ist dies der geheime Zusammenhang, in dem das Herrschaftsamt der Kirche mit ihrer Mystik und Askese steht.

Trachtens Ziel. Es gilt im Raume[a] der politischen Religion[b] der Satz Christi in geradezu umgekehrtem Sinn: Trachtet zuerst nach allem solchem, und wenn ihr die Macht habt, dann muß nach der Ordnung der Dinge dieser Welt[c] die Gottesherrschaft[d] als die Frucht euch zufallen. Am Beispiel geklärt:[e] ob Freikirche oder Staatskirche, darin fällt die Entscheidung über die Macht der Kirche. Beide Formen sind verschiedene[f] Gestalten kirchlicher Macht. Auf jeden Fall aber Gestalten ihrer Macht. Solche Gestalt kann der Kirche nur zufallen,[g] sie kann nicht nach ihr trachten. Trachtet sie nach solcher Gestalt ihrer Macht, so ist sie vom Gottesreich abgefallen und politische Religion geworden. Die Gestalt ihrer Macht fällt der Kirche schicksalhaft zu. Sie kann Freikirche, sie kann Staatskirche, sie kann ganz noch[h] anders auch Katakomben, Kirche und verborgene Kirche sein. Es gibt nur ein Einziges, dieser furchtbarsten Versuchung der Kirche, diesem ihrem eigentlichen und geheimsten Sündenfall, der politischen Religion, zu entgehen: Jenes[i] „Zuerst" des Evangeliums unabdingbar gelten zu lassen und ihr Antlitz straks auf das Gottesreich allein zu wenden.

Wir stehen heute am Ende eines christlichen Jahrtausends. Sollte eine seiner Lehren sein, daß der Herr der Geschichte seine Kirche auf dem Wege der politischen Religion endgültig ad absurdum führen will? Wir haben heute einen politischen Protestantismus. Gibt es einen tieferen Abfall vom Evangelium, gibt es eine[j] verzweifeltere Untreue am Protest der Reformation, der ein Protest nicht zuletzt gegen ein Christentum war, das politische Religion geworden war?

Der Ernst der Stunde, die aber dem Christentum der ganzen[k] Welt geschlagen hat, zwingt uns radikaler Einkehr und Umkehr. Denn die Folgen sind unabsehbar, wie das hugenottische Zeichen uns warnend lehrt. Zuerst

[a] Gestrichen: Man kann im Munde; ergänzt: Es gilt im Raume.

[b] Gestrichen: jeder.

[c] Gestrichen: auch.

[d] Gestrichen: auch notwendig zerfallen die notwendige Folge sein.

[e] Gestrichen: auch die Form der Kirche.

[f] Gestrichen: Formen.

[g] Gestrichen: hinterher.

[h] Ergänzt: noch.

[i] Gestrichen: evangelische.

[j] Gestrichen: schneidendere.

[k] Ergänzt: ganzen.

für die Kirche selbst. Denn ihre Reinheit ist ihre Stärke. Die Hugenotten Kirche Frankreichs ist auf der via politica um die Erfüllung ihrer Sendung gekommen: Frankreich von neuem[a] zu durchchristen, nicht aber sich als Kirche machtweis zu behaupten.

Dann aber für die Völker. Frankreich hat damals mit den Hugenotten Christus ausgetrieben. Was jetzt nur noch kommen konnte, was jetzt kommen mußte.

Anhang: Der protestantische Mensch und der preußische Staatsgedanke[b]

Für den Protestanten gibt es keinen „protestantischen" Staat im Sinne einer religiösen Konfession. Daß ein Staat „protestantisch" sei, besagt ihm lediglich dies Eine:[c] daß der Staat sich an seiner eigenen Hoheit genug sein lasse und nichts anders sein wolle, als was er ist.[d]

„Es sind zweierlei Reich: eins ist Gottes Reich, das andere ist der Welt Reich; wie ich so oft geschrieben habe, daß michs wundert, wie man solches noch nicht wisse oder merke." „Darum muß man diese beiden Regimente mit Fleiß scheiden und beides bleiben lassen, nämlich was sie sind.[e] Eins, das fromm macht; das andere, das äußerlich Frieden schaffe und bösen Werken wehret; keins ist ohne das andere genug in der Welt." „Wer nun diese zwei Reiche ineinander wollte mengen, wie unsere falschen Rottengeister tun, der würde Zorn in Gottes Reich setzen und Barmherzigkeit in der Welt Reich: das wäre aber den Teufel in den Himmel und Gott in die Hölle setzen." (Luther)

Hier sitzt das Geheimnis der altpreußischen Staatsschöpfung. Sie ist die erste staatliche Neuschöpfung, deren Urheber gläubige Christen der Reformation waren. Ihr Geheimnis ist das ungebrochene, an der göttlichen Of-

---

[a] Ergänzt: von neuem.

[b] Gestrichen: Paul Schütz
Protestantismus und Preußentum
Der Protestant und der preußische Staatsgedanke.

[c] Gestrichen: sei, besagt daher lediglich.

[d] Gestrichen: Es besagt zweitens, daß in diesem Staat die Grenze geachtet wird zwischen Menschenreich (gestrichen: Menschenherrschaft) und Gottesreich.

[e] Handschriftlich ergänzt: nämlich, was sie sind.

fenbarung unverrückbar gebundene Wissen von der Grenze des endlichen Menschen und seines Werkes. In dieser Begrenzung nämlich ist dieser Staat, was er ist, ganz. Er kann es, weil er in Anspruch nimmt, was ihm angemessen ist, das suum cuique so zuerst bei sich selbst erfüllend.[a]

Aus diesem Ursprung heraus gelang die Schöpfung des preußischen Staates als die Gegenschöpfung gegen den absoluten Staat des großen Ludwig und des großen Napoleon der Franzosen. In ihr war bewiesen, daß auch jenseits der Romanitas auf deutschem Boden helle und harte Formkräfte lebten, die einen schwärmenden Volksgenius in Zucht zu nehmen verstanden. Friedrich d. Gr. war groß nicht als Nachahmer des Sonnenkönigs, als französisch schreibender Schriftsteller, als Schüler Voltairescher Aufgeklärtheit. Groß war er durch die überpersönliche Macht, der er hörig war, der preußischen Erbmasse, die er von seinem Vater, dem preußischen König, überkommen hatte, der preußischen Tradition, die vor ihm da war und die ihn schuf. In seiner Auffassung von der Herrschaft als Dienst hat er sich selbst dem preußischen Genius der Selbstbegrenzung[b] unterworfen. Aus dem Kraftspeicher[c] dieses Erbes heraus allein ist die Nachhaltigkeit des fridericianischen Angriffs gegen eine Welt von Feinden zu begreifen. Das individuelle Interesse der vergangenen Geschichtsschreibung an den einzelnen Personen hat den Zusammenhang übersehen lassen, den die Macht dieses Erbes durch die Personen hindurch und über die Personen hinweg sicherte. Das gilt bis hin zum Befreiungskampf gegen Napoleon. Das Geheimnis der preußischen Kraft ist das Geheimnis seiner Begrenzung. Es bewirkte, daß Preußen immer in der Wirklichkeit stand; wo es auch seinen Fuß aufsetzte, setzte es ihn auf die festgegründete Erde.

Was das neunzehnte Jahrhundert an Entwicklung bietet[d], wirkt nur noch als Verfall des Preußentums. Das Geheimnis der Grenze geht jetzt[e] einem Geschlecht verloren, dessen glaubensleerem Auge die Grenze zwischen Himmel und Erde, zwischen Zeit und Ewigkeit, zwischen diesseitigem und jenseitigem Wesen verschwimmt. Das totale Diesseits gebiert den moder-

---

[a] Gestrichen: Seine Kraft aber wächst zugleich mit der gewahrten Grenze: sie wird in ihrer Schranke eisenhart gehämmerte, gedrungene, geballte Kraft.

[b] Gestrichen: Grenzinstinkte des preußischen Staatswillens; handschriftlich ergänzt: preußischen Genius der Selbstbegrenzung.

[c] Gestrichen: Verrat; handschriftlich ergänzt: Kraftspeicher.

[d] Handschriftlich ergänzt: an Entwicklung bietet.

[e] Handschriftlich ergänzt: jetzt.

nen Staat, der entweder Gott leugnen oder sich selbst für Gott halten muß. Dieser Vorgang spiegelt sich für Deutschland in der nachkantischen Staatsphilosophie des Idealismus wie der Romantik. Ihre Spekulation ist die gedankliche Zerlösung in das Grenzenlose hinaus. Sie ist die Bewußtseinsspiegelung des aus göttlicher Grenzordnung in das Leere hinausstürzenden Staates einer totalen Diesseitigkeit.

Das totale Diesseits ist die moderne Fiktion einer dem Menschen verfügbaren Welt. Sie ist das Phantom des technischen Weltalters.[a] Diesseits heißt hier[b]: diesseits des Menschen, d. i. verfügbar seinem Zwecke. Der Gedanke, daß jenseits des Menschen die Welt erst beginne, ihre Ursprünge und Endziele und Sinngewalten liegen, ist dem totalen Diesseits unerträglich. Wo das totale Diesseits die Urschranke überflutete, da stürzt[c] Gott und Abgott, Himmel und Hölle, Gut und Böse in hemmungsloser Vermischung durcheinander. Dieser Vorgang ist nicht nur ein europäischer oder asiatischer Vorgang. Er ist von universalem Ursprung und von universaler Ausstrahlung. Im Staatsmolochismus der Sowjets ist heute die ausgereifte Frucht solcher Bastardierung weltgeschichtliches Ereignis geworden.

Es gibt keinen überzeugenderen Ausdruck von der heimlich wachsenden inneren Zerstörung der modernen Staatenwelt als dieser Vorgang. Er ist der[d] Ausdruck eines *totalen* Mißtrauens: nämlich in sich selbst, in den Menschen, in die Umweltstaaten, in den Boden der Geschichte selbst. Die Grenze ist überschritten. Die Grenze, die die Menschenwelt von jenem Abgrund zurückhält, über den keine politischen Techniken je[e] ihre Konstruktionen spannen.

Erst auf dem Hintergrund dieser Entwicklung wird die staatsschöpferische Leistung des Preußentums für die moderne Welt verständlich. Und zugleich damit der Satz, daß sie ohne den Protestantismus nicht denkbar ist.

Die wahre Kraft des Staates ist Stärke durch Maß. Herrscher sein heißt die Maße der Dinge und Wesen kennen; heißt durch solche Kenntnis der Dinge mächtig sein; heißt sie in ihrem Range gegeneinander verwahren; heißt Meister sein der Grenzsetzung.[f] Eben solche Tugend aber verwüstet

[a] Gestrichen: Idealismus; handschriftlich ergänzt: Weltalters.

[b] Handschriftlich ergänzt: hier.

[c] Gestrichen: fällt; handschriftlich ergänzt: stürzt.

[d] Gestrichen: schlagendste.

[e] Handschriftlich ergänzt: je.

[f] Gestrichen: stark sein durch Grenzsetzung; handschriftlich ergänzt: sie … Grenzsetzung.

die grenzüberschreitende Lüsternheit des politischen Mystizismus.[a] Er[b] bleibt der böse Dämon des Staates; des Staates[c], der stark ist allein durch Maß. Er[d] ist der Taumelkelch, der den Riesen trunken macht und ihn, den jetzt *maßlos* werdenden, sich *vermessenden*, über die Schranke hinweg zum Frevel lockt.[e] Hier liegt die Sendung des preußischen Staatsgedankens in der modernen Völkerwelt.[f]

Und[g] das ist zugleich[h] der Punkt, wo sich Preußentum und Protestantismus berühren. Im preußischen Staatsinstinkt bleibt die Grenze verspürt. Die Gläubigkeit des preußischen Staatsmannes spricht sich deshalb zuerst in der Selbstbegrenzung aus.[ix] Sie bleibt es, die dem Preußentum jene Härte gibt, die aus der Verdichtung der Macht *innerhalb* der Grenze erwächst.

Sie gibt dem Staat als Staat jene Stärke, die es sich leisten kann, den Raum des Glaubens freizuhalten, in dem „jeder nach seiner Konfession selig werden" kann und alle[i] Glaubensverfolgten Asylrecht[j] genießen. Denn nur der starke Staat kann ein Staat der Glaubensfreiheit sein. Diese beiden Dinge aber, die seine Stärke begründen, hängen in einer zwangsläufigen Verkettung ineinander: Er ist stark nur in Achtung der Grenze.

---

[a] Gestrichen: der politischen Religion; handschriftlich ergänzt: des politischen Mystizismus.

[b] Gestrichen: Sie; handschriftlich ergänzt: Er.

[c] Handschriftlich ergänzt: des Staates.

[d] Gestrichen: Sie; handschriftlich ergänzt: Er.

[e] Gestrichen: Schon überherrscht die Dämonie der politischen Religion alle Staaten der Welt im Osten nicht anders wie im Westen: In der Staatstradition Preußens jedoch ist die letzte Reserve des Widerstandes auf uns gekommen.

[f] Gestrichen: und unmittelbar durch sie die staatspolitische Bedeutung des protestantischen Menschen.

[g] Handschriftlich ergänzt: Und.

[h] Handschriftlich ergänzt: zugleich.

[i] Gestrichen: die; handschriftlich ergänzt: alle.

[j] Handschriftlich ergänzt: recht.

[i] [handschriftlich:] Nachtrag 1975: Ich stehe zu dieser These heute noch. Eher will ich Israel Unrecht tun, als zum Verräter an Jesus Christus werden.
Nach Hitlers apokalyptischem Völkermord am jüdischen Volk entstand notwendiger Weise eine Überzeugungsströmung philosemitischen Charakters. Hitlers antisemitischem Psychoterror antwortete ein philosemitischer Psychoterror als genaues Spiegelbild, dialektisch bis hinein in den Gegensatz physisch-intellektuell. Beide Terrorformen sind antichristliche Endphaenomene der Geschichte.
Eingehenderes zur These in GW II, S. 207 ff; 57 ff. – Im Erblicken des Unschaubaren. Ges. Aufsätze. Stuttgart 1960, S. 70 ff.

[ii] Die in den Kirchenkämpfen des 17. Jahrhunderts abgespaltenen altgläubigen Volksteile Rußlands.

[iii] Siehe seine Einleitung zu Dostojewskis: „Dämonen".

[iv] Orient und Okzident, Heft 10, S. 46 f. (1932).

[v] Vgl. des Verfassers „Der Bolschewismus als jenseitige Macht", „Die Tat" 1934, 5.

[vi] Bruno Bauer in seiner Altersschrift „Der Einfluß des englischen Quäkertums auf die deutsche Kultur und auf das englisch-russische Projekt einer Weltkirche", Berlin, 1878 – Eingehend darüber in meinem Aufsatz „Der politisch-religiöse Synkretismus usw." in „Orient und Occident", Heft 5.

[vii] Handschriftlich ergänzt: Daß Ludendorff der Gründer des Tannenbergbundes wurde, diese Tatsache empfängt von hier aus erst ihr Gesicht.

[viii] Anmerkung: Der Sinn des schlichten [gestrichen: evangelischen] Christen [gestrichen: ist geradeaus und] versteht solche Konstruktion nicht. Er hat einen Unterscheidungssinn für das „Himmlische" und „Weltliche", der in einer Tiefe wurzelt, die weder vom Willen noch vom Intellekt erreicht wird. Sein hartes Dasein lehrt ihn täglich, daß er nur aus dem Himmlischen leben kann, wenn er nicht Tier oder Massenmensch werden will. Er spürt, daß gerade hierin der Sinn der Kirche in der Welt besteht, ohne den sie einfach überflüssig werden würde. Er hat das dunkle, [gestrichen: unleserlich] aber untrügliche Gefühl, daß da, wo das Himmlische vom Weltlichen in Anspruch genommen wird für seine Zwecke, daß da Lästerung geschieht. Ja, die starke Abneigung gegen alles „katholische" wurzelt bei uns evangelischen Deutschen in der Abneigung gegen die politische Religion. Politik auf der Kanzel wird noch weithin bei uns mit dem feinsten Sensorium empfunden und verpönt. Jeder Soldat des Weltkrieges kennt die Katastrophe der Feldpredigt. Sie hat in dieser Tendenz („Man merkt die Absicht und wird verstimmt") eine ihrer Hauptgründe. [Handschriftlich ergänzt:] Die absichtsvoll bewußte Anbahnung einer Begegnung von „Volk" und „Gott" wird hier instinktiv als Unding verworfen.

[ix] Am 22. Juni 1740 trug der Staatsminister [Christian] von Brand[t] Friedrich d. Gr. in einer Eingabe vor, auch die katholischen Kinder mit den protestantischen zusammen in Simultanschulen unterrichten zu lassen. Der König entschied sich in der eigenhändig geschriebenen berühmten Randbemerkung für die konfessionelle Schule: „Die Religionen Müssen alle toleriert werden und Muß der Fiscal mehr das Auge darauf haben, daß keine der anderen Abzug Tuhe, den hier muß ein Jeder nach seiner Fasson Selich werden."

Anhang

Paul Schütz – Bibliografie

Das künstlerische Element in der Metaphysik Schleiermachers (Phil. Diss. Jena 1914). Bremen 1914.

Aus Feldpostbriefen unsrer Brüder. Von Dr. Paul Schütz aus Karlsruhe 23.10.1914. In: Der Evangelist 1914, 607–608.

Richard Hooker. Der Theologe des Anglikanismus. Eine Monographie zur Kirchengeschichte und Theologie Englands. Theol. Diss. (Halle) 1922, als Mikrofilm Göttingen 1952.

Von Blumhardt zu Barth. Ein Beitrag zur religiösen Lage. In: Die Tat. Sozial-religiöse Monatsschrift für deutsche Kultur 14 (1922/23), 423–432.

Religion und Politik in der Kirche von England. Auf Grund neuer Quellen untersucht an der Epoche ihres Ursprungs. Gotha 1925.

Red. mit Fritz Lieb: Der Orient. Potsdam 1926–1928.

Hrsg.: Orient im Bild. Potsdam 1926–1928.

Johannes Lepsius zum Gedächtnis. † 3. Februar 1926. In: Der Orient 9 (1927), 17–19.

Fratres minores. In: Der Orient 9 (1927), 85–88.

Vom Menschenreich. In: Der Orient 9 (1927), 117–118.

Die Herrnhuter Missionswoche. In: Der Orient 9 (1927), 132–133.

Abbot, George. In: Die Religion in Geschichte und Gegenwart. Bd. 1. 2. Aufl. Tübingen 1927, 5.

Adams, Thomas. In: Die Religion in Geschichte und Gegenwart. Bd. 1. 2. Aufl. Tübingen 1927, 83.

Die Mission und die neue Zeit. In: Christliche Welt 41 (1927), 5–10, 50–55 und 98–99.

Jahresbericht der Dr. Lepsius Deutschen Orient-Mission 1927. In: Orient im Bild 1928, 18–19.

Dr. Schütz in Ghasir. In: Orient im Bild 1928, 35–36 und 49–51.

Ein deutscher Knabe im armenischen Flüchtlingslager. In: Orient im Bild 1928, 37–38.

Waisenhaus-Ausflug am Himmelfahrtstag in den Libanon. In: Orient im Bild 1928, 41–42.

Der deutsche Kriegerjunge. In: Orient im Bild 1928, 43.

Fr. Jeppe's Witwen-Kolonie bei Aleppo. In: Orient im Bild 1928, 56–57.

Hooker, Richard. In: Die Religion in Geschichte und Gegenwart. Bd. 2. 2. Aufl. Tübingen 1928, 2012.

Nachdenkliche Betrachtungen zur allgemeinen Lage der Mission. In: Aus dem Orient Nr. 41 (Februar 1928), 1–5.

Wir Politischen und das Kreuz. In: Der Orient 10 (1928), 97–99.

Die Schuldfrage. In: Der Orient 10 (1928), 129–134 [das Heft mit diesem Artikel wurde gedruckt, aber nicht vertrieben, vielmehr durch eine neue Ausgabe ersetzt].

Hrsg. mit Fritz Lieb in Verbindung mit Nikolaj Alexandrowitsch Berdjajew und (ab Heft 8 [1932]) Erwin Reisner: Orient und Occident. Blätter für Theologie, Ethik und Soziologie (ab Heft 8 [1932] neuer Untertitel: Staat – Gesellschaft – Kirche). Leipzig 1929–1934.

Von Mossul nach Bagdad. In: Orient und Occident Heft 1 (1929), 75–81.

Heidnisch und Christlich. Versuch einer Bestimmung der Begriffe vom Menschen her. In: Orient und Occident Heft 2 (1929), 3–28.

Zwischen Nil und Kaukasus. Ein Reisebericht zur religionspolitischen Lage im Orient. München 1930, 2. Aufl. 1930, 3. Aufl. Kassel 1953, 4. Aufl. mit einem Vorwort von Hans Bürki Moers 1991.

Der politisch religiöse Synkretismus und seine Entstehung aus dem Geist der Renaissance. In: Orient und Occident Heft 5 (1930), 1–19.

Die Kirche und die Seelsorge. In: Zwischen den Zeiten 8 (1930), 133–145.

Die kritische Bedeutung der Eschatologie für die moderne Missionsidee bei Johann Tobias Beck. In: Zeitschrift für Systematische Theologie 9 (1931), 3–24.

Nach Asia hinein. In: Zeitwende 7 (1931), 531–537.

Romanismus und Protestantismus. In: Der Nahe Osten, 15.9.1931, 315–319.

2. Epiphaniassonntag. In: Erhalt uns, Herr, bei Deinem Wort! Evangelische Andachten für jeden Tag. Hrsg. von Gerhard Jacobi. Berlin 1932, 73f.

Montag nach dem 2. Epiphaniassonntag. In: Erhalt uns, Herr, bei Deinem Wort! Evangelische Andachten für jeden Tag. Hrsg. von Gerhard Jacobi. Berlin 1932, 75f.

Dienstag nach dem 2. Epiphaniassonntag. In: Erhalt uns, Herr, bei Deinem Wort! Evangelische Andachten für jeden Tag. Hrsg. von Gerhard Jacobi. Berlin 1932, 76f.

Mittwoch nach dem 2. Epiphaniassonntag. In: Erhalt uns, Herr, bei Deinem Wort! Evangelische Andachten für jeden Tag. Hrsg. von Gerhard Jacobi. Berlin 1932, 77f.

Donnerstag nach dem 2. Epiphaniassonntag. In: Erhalt uns, Herr, bei Deinem Wort! Evangelische Andachten für jeden Tag. Hrsg. von Gerhard Jacobi. Berlin 1932, 79f.

Freitag nach dem 2. Epiphaniassonntag. In: Erhalt uns, Herr, bei Deinem Wort! Evangelische Andachten für jeden Tag. Hrsg. von Gerhard Jacobi. Berlin 1932, 80f.

Ernüchterung zur Endlichkeit. In: Die Tat 24 (1932), 673–682 und 771–778.

Säkulare Religion. Eine Studie über ihre Erscheinung in der Gegenwart und ihre Idee bei Schleiermacher und Blumhardt d. J. (Beiträge zur systematischen Theologie 2). Tübingen 1932.

Junges Preußentum und Sozialismus des Ostraums. In: Orient und Occident Heft 9 (1932), 31–33.

Der protestantische Mensch in der politischen Zeit. In: Zwischen den Zeiten 11 (1933), 185–200.

Der Anti-Christus. Eine Studie über die widergöttliche Macht und die deutsche Sendung (Stimmen aus der deutschen christlichen Studentenbewegung 83). Berlin 1933, 2. Aufl. 1935.

Luther-Fibel. Breslau 1934.

Vor Langemarck vom 20. bis 28. Oktober 1914. Aus einem Kriegstagebuch von Paul Schütz. In: Der Deutsche Student 1934, 613–622.

Vom Urgrund der Gemeinschaft. Breslau 1935.

Warum ich noch ein Christ bin. Briefe an einen jungen Freund. Berlin 1937, 4. Aufl. 1938, zweite Fassung 5. Aufl. Hamburg 1946, 6. Aufl. Kassel 1949, dritte Fassung: Warum ich noch ein Christ bin. Eine Existenzerfahrung. 7. Aufl. Hamburg 1969, Neuausgabe mit einem zusätzlichen Brief als Schlußwort vom 6.12.1980. 8. Aufl. Moers 1981, 9. Aufl. 1984, überarbeitete Neuausgabe mit einem Vorwort des EKD-Vorsitzenden Landesbischof Klaus Engelhardt. 10. Aufl. Augsburg 1996 (niederländisch Den Haag 1970).

Was ist ein Christ? Kassel 1939.

Das Evangelium. Dem Menschen unserer Zeit dargestellt. Berlin 1940, 2. Aufl. 1940, 3. Aufl. Tübingen 1951.

Entscheidung. In: Hamburgische Kirchenzeitung 16 (1940), 64.

Europa – Eine Frage an die Theologie. In: Hamburger Jahrbuch für christliches Geistesleben 1945–47. Hrsg. von Lothar Schreyer. Hamburg 1947, 7–23.

Von Leib und Geist Gottes. In: Merkur 11 (1948), 227–239.

Lob des Gottesdienstes (Tauben der Arche 1). Kassel 1948.

Vom Hymnus an das Übel (Tauben der Arche 2). Kassel 1948.

Der Verworfene wird der Erwählte sein (Tauben der Arche 3). Kassel 1948.

Wie Gott der Welt Fäulnis salzt (Tauben der Arche 4). Kassel 1948.

Von der alleingelassenen Welt (Tauben der Arche 5). Kassel 1948.

Über das Böse (Tauben der Arche 6). Kassel 1948.

Sintflut heute (Tauben der Arche 7). Kassel 1948, 2. Aufl. 1949.

Vom ewigen Kinde (Tauben der Arche 8). Kassel 1948, 2. Aufl. 1949.

Von der Traurigkeit (Tauben der Arche 9). Kassel 1948, 2. Aufl. 1949.

Vom Geist und Leib Gottes (Tauben der Arche 10). Kassel 1948.

Der Leib – Gottes Maß und Zeichen (Tauben der Arche 11). Kassel 1948.

Der vergessene Vater ist das Unheil der Welt (Tauben der Arche 12). Kassel 1948.

Der Anti-Christus. Gesammelte Aufsätze. Kassel 1949.

Das Mysterium der Geschichte. Eine Meditation der Christusapokalypse. Kassel 1950.

Das Geschichtsgeheimnis unter den biblischen „Zeichen der Zeit“. In: Zeitwende 23 (1951), 46–55.

(Hrsg.): Köbi. Der Lückenbüsser im Dienste des Lebens. Kassel 1951, 2. Aufl. 1953, 3. Aufl. unter dem Titel: Köbi, Vater der Armenier. Selbstbiographie von Jakob Künzler. Für die Herausgabe bearbeitet von Paul Schütz. Kassel 1967.

Zum Problem der Lehrnorm in den Kirchen der Reformation. In: Deutsches Pfarrerblatt 52 (1952), 512–513.

Zum Problem der Lehrnorm in den Kirchen der Reformation. Ein Nachwort. In: Deutsches Pfarrerblatt 52 (1952), 669.

Christus und Buddha. In: Neue Literarische Welt, 12.1.1953.

Auferstehung. In: Die Zeit, 2.4.1953.

Der Frevel der gespaltenen Christenheit. Die geistesgeschichtliche Wurzel des West-Ost-Konflikts. In: Die Zeit, 4.6.1953.

Die Freiheit in der Heilsgeschichte. Universalgeschichte als Heilsgeschichte. In: Der Mensch und die Freiheit. Vorträge und Gespräche der Jahrestagung der Abendländischen Akademie. München 1953, 49–58.

Das Unberechenbare in der Geschichte. In: Frankfurter Hefte 8 (1953), 181–188.

Vom Mysterium abendländischer Geschichte. In: Neues Abendland. Zeitschrift für Politik, Kultur und Geschichte 8 (1953), 1–9.

Restauration und Tradition. In: Neues Abendland. Zeitschrift für Politik, Kultur und Geschichte 9 (1954), 221–224.

Die Seelenreise. In: Eckart 23 (1954), 248–249.

Wahrheit und Freiheit. Zur Überwindung des liberalen Protestantismus. In: Zeitwende 26 (1955), 98–105.

Ist christliche Erziehung möglich? In: Zeitwende 27 (1956), 40–46.

Was ist der Mensch? Bemerkungen zu Hölderlins und Heideggers Übersetzungen des großen Antigonechores. In: Neue deutsche Hefte 25 (April 1956), 21–31.

„Anna Maria". In: Neue deutsche Hefte 28 (Juli 1956), 319–320.

Existenz – Praeexistenz – Postexistenz. In: Zeitschrift für Religions- und Geistesgeschichte 9 (1957), 103–115.

Restauration als Tradition. In: Kunst und Kirche 20 (1957), 147–150.

Auch die Freiheit ist vorgegeben. In: Max Picard zum siebzigsten Geburtstag. Hrsg. von Wilhelm Hausenstein und Benno Reifenberg. Erlenbach-Zürich 1958, 131–135.

Angst und Hoffnung. In: Neue deutsche Hefte 42 (Januar 1958), 889–893.

Metamorphosen des Bösen. In: Macht und Wirklichkeit des Bösen. München 1958, 73–86.

Versuch über die Absolutheit des Christentums. In: Christentum und Buddhismus. Verwandtes und Unterscheidendes. München 1959, 29–47.

Bewahrung und Verwandlung des Menschen. In: Eckart 28 (1959), 191–202, auch in: Gefährdung und Bewahrung des Menschen im Umbruch der Zeit. München 1959, 91–109.

Im Erblicken des Unschaubaren. Ausgewählte Vorträge und Aufsätze. Stuttgart 1960.

Parusia – Hoffnung und Prophetie. Heidelberg 1960, Sonderausgabe Hamburg 1963.

Person und Sprache. In: Lob des Gesprächs. Hans Schwarz zum 70. Geburtstag 17.3.1960. Hrsg. von Hildegard Grosche und Hans Dieter Müller. Stuttgart 1960, 9–12.

In der Liebe ist die Hoffnung der Erde nah. In: Deutsches Pfarrerblatt 60 (1960), 448–449.

Ödipus wider Sokrates. In: Antaios 2 (1960), 259–265.

Das Versiegen der christlichen Hoffnung (Über die Hoffnung – Erstes Stück). In: Deutsches Pfarrerblatt 61 (1961), 512–515.

Hoffnung als Menschheitsfrage (Über die Hoffnung – Zweites Stück). In: Deutsches Pfarrerblatt 61 (1961), 543–547.

Die Antwort Gottes ist schon unterwegs (Über die Hoffnung – Drittes Stück). In: Deutsches Pfarrerblatt 61 (1961), 578–582.

Christ und Obrigkeit. In: Labyrinth Heft 5 (November 1961), 28–35, auch in: Erich Przywara, Paul Schütz, Werner von Trott zu Solz und Walter Warnach: Christ und Obrigkeit. Ein Dialog. Zürich o. J. [1962], 31–40.

Charisma Hoffnung. Von der Zukunft der Welt (Stundenbücher 10). Hamburg 1962.

Ist das Bild in unserer evangelischen Kirche legitim? In: Die bildenden Künste im Gotteshaus. Studien und Arbeiten in der Evangelisch-Lutherischen Kirche in Bayern. Hrsg. von der Evangelischen Akademie Tutzing. Besorgt von Gerhard und Andreas Hildmann. München 1962, 9–34.

Randbemerkungen zur Theologie als Wissenschaft. In: Radius Heft 4 (Dezember 1962), 15–20.

Europa auf der Waage. In: Zeitschrift für Religions- und Geistesgeschichte 15 (1963), 117–131.

Symptome des Bösen in der modernen Welt. In: Menschenbild und Lebensführung. Elf Essays. Hrsg. von Lutz Besch. München 1963, 127–140.

Nicht der Mensch ist das Maß. In: Menschenbild und Lebensführung. Elf Essays. Hrsg. von Lutz Besch. München 1963, 141–152.

Hoffnung als Menschheitsfrage (Erkenntnis und Glaube. Schriften der Evangelischen Forschungsakademie Ilsenburg 25). Berlin 1963.

Schöpferisches Ärgernis. Sieben Gespräche mit Ursula von Mangoldt über das Christliche. Weilheim/Obb. 1963.

Orpheus im Labyrinth des Nein. Zu Kierkegaards 150. Geburtstag. In: Christ und Welt, 3.5.1963.

Zur Kritik der reformatorischen Grundlagen. Entwurf einer Denkschrift (1951). In: Freiheit – Hoffnung – Prophetie. Von der Gegenwärtigkeit des Zukünftigen. Hamburg 1963, 11–24.

Die Begabung der Materie zur Verwandlung. In: Christ und Welt, 12.4.1963.

Historismus und Prophetie. Überlegungen zu Luthers Geschichtsdenken. In: Deutsches Pfarrerblatt 64 (1964), 25–28, auch in: Das Mysterium der Geschichte. Von der Anwesenheit des Heilenden in der Zeit. Hamburg 1963, 371–381.

Schöpfungsmythos und Weltwirklichkeit. In: Deutsches Pfarrerblatt 64 (1964), 383–410.

Über die Zukunft des Christentums. In: Deutsches Pfarrerblatt 64 (1964), 517–523.

Von Geist und Leib Gottes. In: Deutsches Pfarrerblatt 64 (1964), 528–543.

Die Kunst des Bibellesens (Stundenbücher 38). Hamburg 1964.

Das Wagnis des Menschen im Offenen der Freiheit. In: Neue Zeitschrift für systematische Theologie und Religionsphilosophie 6 (1964), 192–214, auch in: Glauben heute. Ein Lesebuch zur evangelischen Theologie der Gegenwart. Hrsg. von Gert Otto (Stundenbücher 48). Hamburg 1965, 283–319, niederländisch: Het risico van de mens in het opene van de vrijheid. In: Hedendaags Geloof. Een keuze uit de protestantse theologische literatuur van deze tijd. Onder redactie van Gert Otto. Antwerpen 1966, 213–240.

L'homme, risque de Dieu. In: Esprit, Nouvelle Série, Numero special: Le Risque, Janvier 1965, 173–192.

Meditation: Zum Totensonntag. In: Christ und Welt, 19.11.1965.

Warum Schrift? In: Weihnachtsratgeber 1965. Hrsg. von der Buchhandlung Am Jungfernstieg. Hamburg 1965, 1.

Das Wagnis des Menschen (Stundenbücher 66). Hamburg 1966.

Auferstehung. Einübung in das Sehen der Auferstehungswirklichkeit. Metzingen 1966.

Loben – zur Zeit und Unzeit. In: Beiträge zur pädagogischen Arbeit 10 (1966), 37–39, auch in: Deutsches Pfarrerblatt 66 (1966), 125–126.

Der Welt die Hoffnung genommen. Die Materie und die Auferstehung des Fleisches. In: Evangelischer Digest 8 (1966), Nr. 4, 59–64.

Zeit und Wirklichkeit. In: Christ und Welt, 14.1.1966.

Der Glaube übersteigt das Denken. In: Christ und Welt, 8.4.1966.

Denken wider das Verstehen. In: Christ und Welt, 3.6.1966.

Wagnis des Menschen. In: Christ und Welt, 23.9.1966.

Vom Fundus und seiner Tiefe. Max Picard zum Gedenken. In: Christ und Welt, 21.10.1966.

Das Kreuz der Theologie-Sprache. In: Christ und Welt, 16.12.1966.

Ecclesia Spiritualis. In: Glaube, Geist, Geschichte. Festschrift für Ernst Benz zum 60. Geburtstage am 17. November 1967. Hrsg. von Gerhard Müller und Winfried Zeller. Leiden 1967, 349–351.

Das „christliche Maß" und das Ausgelassene. In: Deutsches Pfarrerblatt 67 (1967), 580–582, auch in: Die Bedeutung der Reformation für die Welt von morgen. Zweiundzwanzig Beiträge aus neun Ländern. Hrsg. von Rainer Schmidt. Frankfurt/Main 1967, 150–159.

Zurück zum Urchristentum? In: Christ und Welt, 13.1.1967.

Der Mensch, der nicht mehr vertrauen kann. In: Christ und Welt, 25.4.1967.

Was kann das Leben ändern? Die Wahrheit der Wissenschaft und die Liebe Gottes. In: Christ und Welt, 14.7.1967.

Die Versuchung, politisch zu reden. Was heißt Gottes Unmittelbarkeit. In: Christ und Welt, 4.8.1967.

Das Ausgelassene. In: Evangelische Akademie Baden (Herrenalb). Festgabe für Hans Schomerus zum 65. Geburtstag am 20. März 1967 (Der Horizont 10). Karlsruhe 1967, 14–16.

Die gefährliche Wahrheit. Was sagt das Evangelium über die Liebe der Geschlechter? In: Christ und Welt [Ende 1968/Anfang 1969].

Das Vorgegebene. In: Bücher und Zeiten. 125 Jahre Buchhandlung am Jungfernstieg. Hamburg 1969, 97–99.

Was ist heilig? Pfingsten im Weltraumzeitalter. In: Christ und Welt, 3.5.1969.

Im Zeichen der Krise. In: Christ und Welt [August 1969].

Die Glaubwürdigkeit des Absurden. Meditationen zur Zeit. Hamburg-Zürich 1970.

Über Lebenschancen. Gespräch mit Günter Klempnauer. In: Über Lebenschancen. Prominenten-Interviews. Hrsg. von Günter Klempnauer. Wuppertal 1970, 2. Aufl. 1970, 129–151.

„Dorthin ist er gekommen". Nicht wir helfen der Welt, sondern wir sind die Welt, der geholfen wird. In: Pflugschar. Monatsschrift der Arbeitsgemeinschaft Christlicher Vereine Junger Männer Deutschlands Nr. 1 (1970), 16–18.

Das Meditieren des Absurden. In: Deutsches Pfarrerblatt 71 (1971), 43.

Der Glaube zwischen Theologismus und Politismus. In: Deutsches Pfarrerblatt 71 (1971), 180.

Der Fortschritt ist nur ein sogenannter. Wünschbares und Vernünftiges in der Geschichte. In: Christ und Welt, 22.1.1971.

Ist das Sterben lernbar? Die Botschaft des Todes. In: Christ und Welt, 19.11.1971.

Was heißt Wiederkunft Christi? In: Theologische Zeitschrift 27 (1971), 399–410.

Ödipus contra Sokrates. In: An den Menschen. Vom Verstehen zum Verwandeltwerden (Gesammelte Werke 4). Hamburg 1971, 18–42.

Einige Prämissen zu einer kritischen Theologie. In: An den Menschen. Vom Verstehen zum Verwandeltwerden (Gesammelte Werke 4). Hamburg 1971, 120–128.

Die Relativierung der Zeit im Glauben. In: An den Menschen. Vom Verstehen zum Verwandeltwerden (Gesammelte Werke 4). Hamburg 1971, 132–143.

Vom historischen Christentum zum anwesenden Christus (1938). In: An den Menschen. Vom Verstehen zum Verwandeltwerden (Gesammelte Werke 4). Hamburg 1971, 154–166.

Das Konzil und der kommende Herr. In: An den Menschen. Vom Verstehen zum Verwandeltwerden (Gesammelte Werke 4). Hamburg 1971, 166–185.

Abschieds-Predigt 1952. Gehalten am 27. April vor der Hauptkirchengemeinde St. Nikolai nach Enthebung von meinen Ämtern. In: An den Menschen. Vom Verstehen zum Verwandeltwerden (Gesammelte Werke 4). Hamburg 1971, 301–310.

Der einsame Mensch. In: An den Menschen. Vom Verstehen zum Verwandeltwerden (Gesammelte Werke 4). Hamburg 1971, 320–325.

Der wohlwollende Mensch. In: An den Menschen. Vom Verstehen zum Verwandeltwerden (Gesammelte Werke 4). Hamburg 1971, 339–348.

Der lächelnde Mensch. In: An den Menschen. Vom Verstehen zum Verwandeltwerden (Gesammelte Werke 4). Hamburg 1971, 348–356.

Ausbruch aus der verkehrten Welt. Was heißt „Wiederkunft Christi"? In: Deutsche Zeitung/Christ und Welt, 12.5.1971.

Was heißt – „Wiederkunft Christi"? In: Was heißt – „Wiederkunft Christi"? Analysen und Thesen: Paul Schütz (Kirche im Gespräch). Freiburg-Basel-Wien 1972, 9–33.

Lob der Profanität. In: Benennen und Bekennen. Festschrift für Heinz Flügel zum 65. Geburtstag. Hrsg. von Paul Rieger und Johannes Strauß in Verbindung mit dem Kuratorium und den ständigen Referenten der Evangelischen Akademie Tutzing (Tutzinger Texte, Sonderband 3). München 1972, 31–33.

Sind wir Knechte einer Erfolgsmoral? Meditation über die Funktion der Zeit im Wissen und im Glauben. In: Deutsche Zeitung/Christ und Welt, 29.12.1972.

Die Gegenwart der Zeit. Christliches Leben als parusiale Existenz. In: Evangelische Kommentare 6 (1973), 264–267.

Die Wirklichkeit ist anders. Die Tabuisierung des Todes. In: Tod – Jenseits – Auferstehung. Bearb. von Hans Gaus, Peter Lerch und Albert Schlereth (Alternativen 11). München 1973, 11–16.

Wie ist Glaube möglich? Krise und Chance des Christentums im Zeitalter der Wissenschaft (Stundenbücher 117). Hamburg 1974.

Über das Verhältnis von Glaube und politischem Engagement. In: Die vielen Namen Gottes. Gerd Heinz-Mohr zum 60. Geburtstag in Dankbarkeit und Verehrung gewidmet. Mit einem Geleitwort von Landesbischof Professor D. Dr. Eduard Lohse. Hrsg. von Meinold Krauss und Johannes Lundbeck. Stuttgart 1974, 201–207.

Die Grenze der machbaren Welt. In: Die Grenze der machbaren Welt. Festschrift der Klopstock-Stiftung anlässlich ihres 20–jährigen Bestehens. Hrsg. von Ernst Benz (Beihefte der Zeitschrift für Religions- und Geistesgeschichte 18). Leiden 1975, 1–11.

Die Wahrheit ist eine Person. Überlegungen zur Identitätskrise der Christenheit. In: Evangelische Kommentare 8 (1975), 337–339.

Über Gebet und Meditation. In: Beten, Leben, Meditieren. Hrsg. von Walter Rupp. Würzburg 1975, 95–97.

Das Ja im Nein. In: Wie sieht erfülltes Leben aus? Hrsg. von Helmut Weigel. Stuttgart-Berlin 1976, 199–222.

Nicht die Wahrheit, nur die Liebe ist konkret. In: Pflugschar Nr.1 (1976), 3.

Fragment Mensch. In: Evangelische Kommentare 9 (1976), 170–171.

Der Mensch – Maß und Ziel der Geschichte? In: Deutsche Zeitung, 4.6.1976.

Der Traum von der Auferstehung des Fleisches. In: Ich habe einen Traum. Visionen und Wirklichkeiten. Hrsg. von Meinold Krauss. Stuttgart-Berlin 1978, 199–213.

Ist die Sprache der Bibel mythische Sprache? In: Deutsches Pfarrerblatt 79 (1979), 270–272, erweitert in: Widerstand und Wagnis. Vom Glauben im Zeitalter der Angst (Gesammelte Werke 5). Moers 1982, 226–235.

Die letzte Station vor Gott. In: Offensive 6/1980, 211–213.

Verhängnis und Gunst. In: Offensive 1/1981, 2.

… sein Bild uns wieder zurückgewinnen ... In: Offensive 2/1981, 44–46.

Das Ereignis des Christlichen. In: Meditation. Anstöße für den christlichen Vollzug 7 (1981), 109–110.

Ist das Sterben lernbar? Die Botschaft des Todes. In: Offensive 2/1982, 50–51.

Im Erblicken des Unschaubaren. Der Jünger in der Welt: Der Träger des Charismas. In: Offensive 5/1982, 174–175.

Der Konflikt zwischen Glaube und Politik unter den Christen. In: Offensive 1/1983, 15–18.

Von den erkrankten Sozialstrukturen in Kirche und Gesellschaft. In: Offensive 6/1983, 186–199.

Schöpfung als Antwort auf den Tod. In: Meditation. Anstöße für den christlichen Vollzug 9 (1983), 23–24.

Was heißt das – „Fleisch geworden“? In: Meditation. Anstöße für den christlichen Vollzug 10 (1984), 2–4.

Sprache und Wirklichkeit der Bibel in der Gegenwart. In: Meditation. Anstöße für den christlichen Vollzug 10 (1984), 129–131.

Gott ist einsam geworden: Es gibt keine Sünder mehr. Merk-Würdiges. In: Offensive 2/1986, 42–43, auch in: Anstiftungen. Chronik aus 20 Jahren OJC. Eine Veröffentlichung des Deutschen Instituts für Jugend und

Gesellschaft. Hrsg. von Horst-Klaus und Irmela Hofmann. Moers 1988, 283–284.

Sie atmen die Auferstehung. Über die Seligpreisungen. In: Gustav-Adolf-Blatt 32 (1986), Heft 3, 2.

Wahrheit und Liebe. In: Gustav-Adolf-Blatt 34 (1988), Heft 3, 2.

Schöpfung als Antwort auf den Tod. In: Meditation. Anstöße für den christlichen Vollzug 1995, 108–110.

Person und Sprache. In: Annäherung 5 (1995), 201–202.

Undatiert (ca. 1960er-Jahre)

Meditation zum Totensonntag: „Steine geklopft und geklopft“. In: Christ und Welt o. D.

Die Zeit ist wie die Nacht. In: Christ und Welt o. D. [ca. 1966].

Keulenschlag für Tatchristen. Zum Schluß des Kirchenjahres. In: Christ und Welt o. D.

Der Glaubende ist einsam. Warum sieht man heute keine Christen mehr? In: Christ und Welt o. D.

Wo der Geist Realität stiftet. In: Christ und Welt o. D.

Sinnbilder der Angst. In: Christ und Welt o. D.

Zwei Fragen zu Weihnachten. Von den sichtbaren Dingen zum Unsichtbaren. In: Christ und Welt o. D.

Werkausgaben

Gesammelte Werke: Bd. 1: Evangelium. Sprache und Wirklichkeit der Bibel in der Gegenwart. Hamburg 1966, Sonderausgabe 1972; Bd. 2: Das Mysterium der Geschichte. Von der Anwesenheit des Heilenden in der Zeit. Hamburg 1963, Sonderausgabe 1975; Bd. 3: Freiheit – Hoffnung – Prophetie. Von der Gegenwärtigkeit des Zukünftigen. Hamburg 1963,

Sonderausgabe 1974; Bd. 4: An den Menschen. Vom Verstehen zum Verwandeltwerden. Hamburg 1971.

Neuausgabe: Gesammelte Werke. Hrsg. von Hans F. Bürki: Bd. 1: Evangelium. Sprache und Wirklichkeit der Bibel in der Gegenwart. Moers 1984; Bd. 2: Das Mysterium der Geschichte. Von der Anwesenheit des Heilenden in der Zeit. Moers 1987; Bd. 3: Freiheit – Hoffnung – Prophetie. Von der Gegenwärtigkeit des Zukünftigen. Moers 1986; Bd. 4: An den Menschen. Vom Verstehen zum Verwandeltwerden. Moers 1985; Bd. 5: Widerstand und Wagnis. Vom Glauben im Zeitalter der Angst. Moers 1982.

Personenregister

Über den Herausgeber

RAINER HERING, geboren 1961 in Hamburg, leitet das Landesarchiv Schleswig-Holstein und lehrt als Professor Neuere Geschichte und Archivwissenschaft am Historischen Seminar der Universität Hamburg. Der international agierende Archivar und Historiker ist Vorsitzender des Archives Committee der German Studies Association in Nordamerika. Er ist in zahlreichen regionalen und überregionalen Gremien aktiv tätig, unter anderem im Vorstand des Vereins für Hamburgische Geschichte, der Gesellschaft für Schleswig-Holsteinische Geschichte und der Gesellschaft für Schleswig-Holsteinische Kirchengeschichte sowie im Beirat zur Erforschung der Geschichte des Nordwestdeutschen Rundfunks, und gibt verschiedene Publikationen mit heraus, so die Reihen *Bibliothemata* und *Arbeiten zur Kirchengeschichte Hamburgs* sowie die Fachzeitschrift *Auskunft. Zeitschrift für Bibliothek, Archiv und Information in Norddeutschland*. Seine umfangreiche Publikationstätigkeit umfasst schwerpunktmäßig die Bereiche Kirchengeschichte, Wissenschafts- und Universitätsgeschichte, Antisemitismusforschung, Parteien- und Verbandsgeschichte, Rechtsgeschichte, norddeutsche Geschichte und Archivwissenschaft.